ONIKA • BACHLER GERNOT • BACHMANN LISA • BAUER THOMAS • BAUMBERGER CHRISTIAN
INER • BRANDL GREGOR • BRANDSTETTER HANS PETER • BUDIN CHRISTOPH • BURGSTALLER
RNEK ANGELIKA • DWORAK HARALD • EBEERT CHRISTIAN • ENZINGER BURGHARD • EXEL
EDER PETER • FREIBERGER PETER • FRINGS NIKOLAUS • GABLER THOMAS • GADERER JASMIN
NASSAUER GABRIELA • GRABENWARTER ERNST • GRAF EDDA • GRAMMER KARL • GRATZER
TER • GSELLMANN GERNOT • HAENLEIN WOLFGANG • HALOUSKA ALEXANDRA • HARTNER
JS • HITZ FLORIAN • HÖCHSTÄTTER VERENA • HOFBAUER GERALD • HOFBAUER WALTER
JAKL MICHAEL • JEANNEE MICHAEL • KALCHER HARALD • KALLINGER GEORG • KALTENBÖCK
LINGER NIKOLAUS • KLOEBL PETER • KNECHTEL EVA • KNEIDINGER BARBARA • KNITTELFELDER
TER FLORIAN • KRIERER WILFRIED • KRISPER MONIKA • KRONBERGER SABINE • KURKA ALBERT
TTHIAS • LAUBER THOMAS • LEBLHUBER GEORG • LEHNER EVA MARIA • LEITNER NATASCHA
L MARIE-THERESE • LINO IRINA • LISCHKA VERA • LOIBNEGGER KLAUS • LOVRIC ANTONIO
HANNAH • MIEHL CHRISTOPH • MIHAJLOVIC MIRJANA • MISTLBERGER MAGDALENA • MODL
UNTRAM • MÖTZL KATHARINA • MÜLLEDER JÖRG • MÜNZER-GREIER MARTINA • NACHBAR
NORBERT • NISTER CHRISTOPH • OBERHAUSER SABINE • PACHNER JUERGEN • PALMISANO
LER NIKOLAUS • PIRKER KATHARINA • PÖCHINGER WERNER • PODOLAK KARIN • POKORNY
N MARTINA • RADLINGER-ENTENFELLNER MARGARETE • RAMSAUER SANDRA • RATHENBÖCK
KER ED • RISSEL MONIKA • ROHRER-SCHAUSBERGER KARIN • ROITTNER FELIX • ROSENZOPF
ER MARCEL • SCHAEHS EVA • SCHAGER GERLINDE • SCHENZ NORMAN • SCHIEDER SANDRA
HOBER SILVIA • SCHOENHERR ALEXANDER • SCHUERR DETLEV • SCHUETZ MARKUS • SCHUMI
AIGER JÖRG • SCHWAIGER MANUEL • SCHWANTNER ANDREAS • SEEBACHER VERENA • SEINITZ
RINA • STEINER CLARA MILENA • STEINER HANNES • STEINER JASMIN • STEINKOGLER STEFAN
HERBERT • THOMAS ANDREA • THOR CHRISTOPHER • THURNER CLAUDIA • THURNER SAMUEL
IO • TROESTER CLAUDIA • TROST FRANZISKA • VETTERMANN DORIS • VOGL ERICH • WAGNER
STIN • WEIHS PETER • WEINBERGER STEFAN • WEISGRAM CHRISTOPH • WERTH THOMAS
R VERONIKA • ZAVARSKY CLEMENS • ZEKO MARIJO • ZIMMERMANN PHILIPP • ZÖHRER DENISE

SCHLAGZEILEN 2020

CHRISTOPH MATZL & CHRISTOPH BUDIN

SCHLAGZEILEN 2020

Ueberreuter

Buch und Redaktion: Christoph Matzl & Christoph Budin

Cover: Mag. Barbara Mungenast
Layout: Georg Erhart, Mario Hölzl, Herbert Kocab, Christian Wawra
Bildbearbeitung: Gerhard Mischling (Ltg.), Ulrich Czeten, Ing. Helmut Eisinger,
Werner Engelmeier, Richard Holzeis, Christian Krapfenbauer, Elisabeth Polly,
Matthias Pospischil, Carola Rakowitz
Archiv: Martin Kriegel
Register: Margit Bandera

1. Auflage 2020
© Carl Ueberreuter Verlag, Wien 2020
ISBN 978-3-8000-7758-8

Alle Rechte vorbehalten. Das Werk darf – auch teilweise –
nur mit Genehmigung des Verlages wiedergegeben werden.
Druck und Bindung: Brüder Glöckler GmbH, Wöllersdorf
www.ueberreuter-sachbuch.at

VORWORT

2020

Wachsam sein . . .

Reproduktionsfaktor, Pandemie, Aeorsole, Fremdworte, die uns in diesem Jahr nur allzu vertraut wurden. Einem mikroskopisch kleinem Teilchen gelingt es auf einem chinesischen Fischmarkt zu mutieren, von Tier auf Mensch überzuspringen, dem Immunsystem ist das Virus unbekannt und so dringt es tief ein, bis in die Zellen. Der Mensch ist krank und nach nur wenigen Monaten auch die ganze Welt. Rettungsfahrzeuge, die mit Blaulicht in die Spitäler brausen, Menschen mit Masken prägen unser Alltagsbild. Das Virus hält uns fest in seinen Klauen. Es ändert unser Denken, unser Verhalten, der Staat muss es richten, koste es, was es wolle. Eine Obrigkeitshörigkeit breitet sich aus und die Politik fühlt das süße Gift der Macht. Wenn daran zu viel Geschmack gefunden würde, wäre auch das eine ungesunde Entwicklung. Medien müssen daher besonders wachsam sein und ihrer Kontrollfunktion gerecht werden.

Pressekonferenzen jedenfalls wurden plötzlich zur eintönigen Informationsabgabe, fast sah es so aus, als sollten alle gleichgeschaltet werden. Nur wenige konnten mit dem jetzt steigenden Informationsinteresse schritthalten. Die „Krone", mit ihren Redaktionen in allen Bundesländern und der Leidenschaft ihrer Journalisten, direkt und vom Ort des Geschehens zu berichten, ist so jemand. Ihre hohe Dichte an Abonnenten hat sie ein starkes Ver-

„Krone"-Herausgeber Dr. Christoph Dichand mit den beiden „Schlagzeilen"-Autoren Christoph Budin (links) und Christoph Matzl.

triebssystem aufbauen lassen, das gerade in der Zeit des sogenannten „Lockdowns" auch in den entferntesten Tälern unseres Landes bis an die Haustür gebracht - zu Hause, wo jetzt jeder ist, weil auch „Homeoffice" und „E-Learning" keine Fremdwörter mehr sind. Mit viel Freude, aber natürlich dem gehörigen Abstand, wurden die „Krone"-Zusteller, die sogar in einem Quarantänegebiet, wie St. Anton, die Zeitung täglich lieferten, empfangen, oft wurde ihnen warmer Tee oder Kaffee angeboten. Die gedruckte Tageszeitung erlebt eine Renaissance. Die große Erfahrung der „Krone"-Journalisten, die über sechs Jahrzehnte mit Mut, Haltung und Unabhängig das Vertrauen ihrer Leser gewonnen hat, wirkt sich aus.

Aber nicht nur die „Krone"-Leser, auch die User, Hörer und Seher von „krone.at", „kronehit-Radio" und „krone.tv" können starke Zuwächse verzeichnen. Eine große Verantwortung, der wir auch in einem schwierigen wirtschaftlichen Umfeld gerecht werden. Unsere konkurrenzlose Größe verleiht uns die Kraft zur Unabhängigkeit, mit der wir täglich für Schlagzeilen sorgen, von denen Sie jetzt ein gesammeltes Werk in Händen halten.

**Ihr Herausgeber
Dr. Christoph Dichand**

JÄNNER 2020

Neues Jahr, neue Regierung: Das ist das „freundliche" Gesicht der ersten Koalition auf Bundesebene zwischen ÖVP und Grünen mit allen künftigen Ministern und Staatssekretären bei der Angelobung in der Hofburg. Die sonst obligatorischen 100 Tage Schonfrist gibt es nicht.

JÄNNER 2020

› Kriegsgefahr nach gezielter Tötung von General steigt › Luftabwehr-Raketen

USA gegen Iran: Gefährliches

Flugzeug-Trümmer von dem durch zwei Luftabwehrraketen abgeschossenen Ukraine-International-Airlines-Flug 752.

Die gezielte Tötung des berüchtigten Terror-Generals Ghassem Soleimani führt zu einem brandgefährlichen Säbelrasseln zwischen Amerika und dem Iran. In der Folge greifen die Revolutionsgarden US-Stützpunkte im Irak mit Raketen an – und schießen „versehentlich" ein Passagierflugzeug über Teheran vom Himmel: 176 Tote!

Präsident Donald Trump lässt den militärischen Architekten des iranischen Machtausbaus im Nahen Osten durch einen gezielten Drohnenangriff liquidieren. General Ghassem Soleimani hatte als Kommandeur der Quds-Einheit innerhalb der Revolutionsgarde viel Blut an seinen Händen.

Daraufhin kommt es zu Massenprotesten gegen den Todfeind Amerika im Iran. Hunderttausende schwören Rache. In der Folge feuern die Revolutionsgarden 22 Raketen gegen US-Ziele im Irak ab. Das Säbelrasseln am Persischen Golf wird immer gefährlicher, zudem kündigt der Iran den Atom-Deal auf. Inmitten der auf-

› ÖVP setzt auf Sicherheit, Migration und Wirtschaft › Grüne auf die Umwelt:

Das Beste aus beiden Welten

Türkis und Grün nähern sich nicht nur farblich an: ÖVP-Chef Kurz geht erstmals das Wagnis mit der Öko-Partei ein. Jeder soll seine Schwerpunkte in der Koalition setzen dürfen. Für die Volkspartei sind das Sicherheit, Wirtschaftsstandort und Migration, für die Grünen natürlich die Umwelt. Das beste aus beiden Welten.

Historische „Polit-Hochzeit" unter den Augen von Bundespräsident Alexander Van der Bellen in der Hofburg. In einer Premiere auf Bundesebene geht der türkise Wahlsieger ÖVP unter dem neuen und alten Bundeskanzler Sebastian Kurz mit den wiedererstarkten Grünen von Werner Kogler zusammen. Von der ehemaligen Expertenregierung bleibt lediglich Außenminister Alexander Schallenberg im Amt.

Und: Mehr als die Hälfte des Regierungsteams bilden diesmal Frauen, sie sind damit erstmals in der Zweiten Republik in Überzahl. Denn gleich neun der 17 Minister- bzw. Staatssekretärs-Posten sind weiblich besetzt. Die Volkspartei sichert sich unter anderem das prestigeträchtige Finanz- sowie Innen- und Verteidigungsministerium, der kleine Koalitionspartner bekommt das Umwelt- und Sozialressort.

◁ Sebastian Kurz unterschreibt seine Neu-Bestellung zum Kanzler– Grünen-Chef Werner Kogler sichtlich gut gelaunt mit dem Bundespräsidenten. ▷

treffen ukrainisches Passagierflugzeug
Säbelrasseln

geheizten Stimmung kommt es durch einen fatalen Fehler zu einem furchtbaren Drama: Ein ukrainischer Passagier-Jet wird kurz nach dem Start in Teheran von zwei iranischen Flugabwehrraketen abgeschossen. 176 Menschen sterben.

Die Kriegsgefahr bleibt weiterhin hoch ...

US-Präsident Trump lässt General Soleimani gezielt töten (Bild unten li.). Hunderttausende Iraner schwören darauf Rache (o.). Amerika verlegt Truppen in den Nahen Osten.

Silvia Schneider kann es nicht lassen. Die Ex-Freundin von Volks-Rock'n'Roller Andreas Gabalier tritt nur kurz nach der Trennung bei der 13. Staffel der erfolgreichen ORF-Show „Dancing Stars" an. Dort trifft die 37-jährige Moderatorin und Designerin auch auf Gabaliers Bruder, Tanzprofi Willi – ihr Partner auf dem glatten Parkett ist allerdings Danilo Campisi. Gleich bei ihren ersten Auftritten („Ich lebe meinen Traum") ist die fesche blonde Single-Dame Liebling der Jury. Doch schon bald haben die Paare ausgetanzt ...

Fast fünf Jahre Haft für Ex-Olympiasieger

Der tiefe Fall des früheren Sport-Helden im Judo nimmt im Wiener Landesgericht sein Ende. Peter Seisenbacher wird wegen schweren Missbrauchs von Mädchen zu fünf Jahren Haft verurteilt. Aus dem einst strahlenden Doppel-Olympiasieger ist ein gewöhnlicher Sexualstraftäter geworden. Später reduziert das Oberlandesgericht die Haftstrafe um zwei Monate. Peter Seisenbacher wandert also endgültig hinter Gitter.

Welle der Kritik an FPÖ-Historikerbericht

Ausgerechnet am Tag vor dem Heiligen Abend – wohl um nicht zu viel Kritik laut werden zu lassen – legt die FPÖ ihren lange erwarteten Historikerbericht vor. Es sei „ein Weihnachtsgeschenk", so der zu diesem Zeitpunkt Noch-Generalsekretär Christian Hafenecker. 16 Autoren beschäftigen sich auf 668 Seiten mit den vielen braunen Flecken in der Parteigeschichte. Trotz des Termins bemängeln viele Experten das Konvolut.

JÄNNER 2020

Palästinenser: „US-Friedensinitiative wird im Mistkübel der Geschichte landen!"

Aufruhr nach „Nahost-Plan"

Für wütenden Aufruhr bei den Palästinensern sorgt der von US-Präsident Trump, im Beisein von Israels Premier Netanyahu, präsentierte neue Friedensplan für Nahost. Palästinenserchef Abbas wirft Trump „Verschwörung" vor und erklärt, „der Plan werde im Mistkübel der Geschichte landen!" Es kommt zum Palästinenser-Aufruhr.

„Ich sage Trump und Netanyahu: Jerusalem steht nicht zum Verkauf", erklärt Mahmmoud Abbas, „und dieses Abkommen, eine Verschwörung, wird nicht durchkommen." Abbas meint damit unter anderem, dass nur die Vororte Ostjerusalems als Hauptstadt eines Palästinenserstaates vorgesehen sind, dass das Jordantal und alle größeren Siedlungen in der Westbank Israel zugesprochen werden (im Abtausch gegen Gebiete in der Negev) und dass die Millionen Nachkommen der vertriebenen Palästinenser kein Rückkehrrecht erhalten. Im palästinensischen Gazastreifen kommt es zu wütenden Protesten. Ein Vertreter der radikalislamischen Hamas nennt den Plan „Nonsens" und einen „feindlichen Deal", der bekämpft werde „bis er gescheitert ist." Die EU gibt sich vorerst prüfend und abwartend.

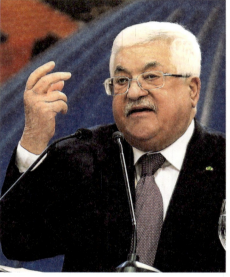

Im Gazastreifen brennen aus Protest gegen Trumps absurden „Nahostplan" Autoreifen.

Netanyahus Erklärungen werden von Abbas als „Verschwörung" abgetan.

Sicherheitspolitischer Auftakt:
Bundesheer muss einsatzfähig sein!

Allen Unkenrufen zum Trotz pocht die neue Verteidigungsministerin Klaudia Tanner (ÖVP) beim sicherheitspolitischen Jahresauftakt auf ein starkes Militär. Mit ihrem Team will sie das Bundesheer „zukunftsträchtig, modern und voll einsatzfähig machen": So sollen unsere Soldaten für den Kampf gegen Terror- und Cyberangriffe sowie bei Auslandseinsätzen bestens gewappnet sein. Als Schwerpunkt nennt Tanner die Beibehaltung von Auslandseinsätzen mit 1100 Soldaten. Schwerpunkt bleibt der Westbalkan. Weitere taktische Vorkehrungen angesichts der Cyber-Angriffswelle gegen das Außenministerium: Schutz vor Blackout-Szenarien, vor Attacken mit Drohnen und die Verstärkung der ABC-Abwehr.

△ Trauer um die bildhübsche Gabriela P. Sie wurde mit etlichen Stichen getötet.

Kinder des Opfers schlugen Alarm
Frau aus Eifersucht mit Messer getötet

Für Entsetzen sorgte eine Bluttat in einem Wohnhaus im niederösterreichischen Ybbs an der Donau. Ein 50-jähriger Mann steht unter Verdacht, seine attraktive Lebensgefährtin Gabriela P. aus Eifersucht mit mehreren Stichen getötet zu haben. Die Kinder der 42-Jährigen, die während des Verbrechens offenbar im Haus waren, alarmieren die Polizei. Der Verdächtige, für den die Unschuldsvermutung gilt, wird am Tatort festgenommen. Auslöser der Bluttat könnte das Geständnis der bildhübschen Frau - „Ja, ich habe dich betrogen!" – gewesen sein. Für die Verteidigerin des Verhafteten, Astrid Wagner, war es eine „Tat im Affekt."

WAS UNS BEWEGTE | Kronen Zeitung

Royals in der Krise! Nur zwei Monate nach der Hochzeit 2018 kündigte sich – wie auf dem Bild links zu sehen – eine Distanzierung der Queen zu Prinz Harry und dessen Ehefrau Meghan an. Im Jänner eskaliert der Streit. Als das junge Paar der Monarchie die kalte Schulter zeigt, um ein „unabhängiges Leben" zu führen, wird ihm die Verwendung der Marke „Sussex Royal" untersagt.

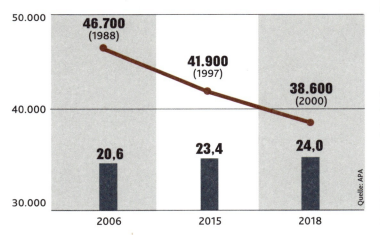

Weniger Stellungspflichtige, mehr Untaugliche
— Anzahl der Stellungspflichtigen (Jahrgang)
■ Davon untauglich in Prozent

Quelle: APA

Untaugliche nur noch in „Extremfällen"

Ab heuer taugt jeder für den Militärdienst

In Zukunft wird nur noch „untauglich" für den Militärdienst sein, wer geistig oder körperlich behindert ist. So steht es im türkis-grünen Regierungsprogramm – und dieses Ziel soll heuer umgesetzt werden: Die nötigen Tauglichkeitskriterien will man deshalb möglichst rasch ändern.

Jeder vierte Jungmann ist so ungesund, dass ihn das Militär nicht gebrauchen kann. In Wien ist es gar jeder Dritte und der Anteil an Untauglichen wächst. Somit herrscht auch beim Zivildienst Personalnot. Die ÖVP schrieb deshalb in ihr Wahlprogramm und letztlich auch in den Regierungspakt, dass eine „Teiltauglichkeit nach Schweizer Vorbild" eingeführt werden soll. Die Idee: Anstatt völlig befreit zu werden, sollen bisher „untaugliche" Burschen etwa in der Küche oder im Büro arbeiten. Heeresministerin Tanner prescht vor: „Es werden nur diejenigen von einer Teiltauglichkeit ausgenommen, die geistig oder körperlich behindert sind." Laut Verwaltungsgerichtshof gibt es auch eine „Untauglichkeit aus psychischen Gründen".

Wer nicht für den Dienst mit der Waffe geeignet ist, soll etwa in der Küche mitarbeiten.

JÄNNER 2020

Matthias Mayer und Vincent Kriechmayr liefern größten Streif-Triumph seit 2001

Kitzbühel hat zwei Könige

▲ Stolz präsentieren „Streif-König" Matthias Mayer (re.) und Vizekönig Vincent Kriechmayr die Trophäen der Jubiläums-Hahnenkamm-Abfahrt. ▽

▲ Wenige Tage nach dem Kitz-Triumph setzt es in Schladming eine herbe Enttäuschung für das Austro-Slalomteam. Und Flitzerin Kinsey Wolanski „trauert" mit einem Plakat um den verunglückten Basketball-Star Kobe Bryant.

Grenzenloser Jubel und riesige Erleichterung im österreichischen Herrenteam inmitten einer bislang durchwachsenen Ski-Saison: Nach etlichen Enttäuschungen bringt die Abfahrt von Kitzbühel einen Erfolg, der vieles vergessen lässt.

Mit einem riesigen „Danke!" auf der Titelseite bringt auch die packende Sonderausgabe unserer „Krone"-Sportredaktion zum Ausdruck, was Millionen Österreicher am 25. Jänner dem Ski-Team mitteilen wollen. Denn mit dem ersten Streif-Doppelsieg seit 2001 (Hermann Maier vor Trinkl und Eberharter) und dem ersten Kitzbüheler Abfahrtserfolg seit 2014 (Reichelt) gibt es beim 80. Jubiläum des Hahnenkamm-Klassikers allen Grund zum Feiern. Mit einem wahren Husarenritt gelingt es dem Olympia-Doppelsieger Matthias „Motthl" Mayer, seinem Landsmann Vincent Kriechmayr sowie dem Schweizer Beat Feu, die ex aequo in Führung lagen, noch den Sieg zu entreißen. Mit 0,22 Sekunden Vorsprung – das entspricht 6,29 Metern – holt er sich die goldene Gams! 50.000 Fans jubeln den rot-weiß-roten Triumphatoren zu.

Mit Tempo 270 durch Tunnel

Der Höllenritt eines Deutschen durch den Katschbergtunnel endet mit einem Auffahrunfall. Der 26-jährige Tempobolzer war mit seiner 450-PS-Rakete, einem Mercedes C63 AMG, in Salzburg in die Röhre eingefahren. Er drückte das Gaspedal so lange durch, bist er mit gemeingefährlichen 270 Stundenkilometern durch den Tunnel jagte. „Ich wollte niemanden verletzen und hatte das Fahrzeug jederzeit unter Kontrolle", meinte der Handwerker nach der Wahnsinnsfahrt, die letztendlich „nur" mit einem Blechschaden von 87.000 Euro im A-10-Tunnel endete. Der Raser hatte die erlaubten 100 km/h um 170 Sachen überschritten. „Richter Philipp Grosser sprach wegen vorsätzlicher Gemeingefährdung 15 Monate Haft auf Bewährung aus", so „Krone"-Redakteur Antonio Lovric.

Tod von Hannesschläger
Große Trauer um „Rosenheim-Cop"

Joseph Hannesschläger

17 Jahre lang spielte er im Serienhit „Die Rosenheimcops" den etwas mürrischen aber ungemein beliebten Kriminalhauptkommissar Korbinian Hofer: Am 20. Jänner verliert der 57-jährige Joseph Hannesschläger seinen Kampf gegen den Krebs. Der Münchner spielte im Lauf seines Lebens in 45 Theaterstücken und 40 Kino- und Fernsehproduktionen mit. Sein Hobby: seine eigene Band Discotrain.

„Wetterlady Nr. 1", Christa Kummer, feiert ihr „Silberjubiläum". Seit 25 Jahren präsentiert die charmante Doktorin im ORF das Wetter. Die schlagfertige Geografin (55) schafft es dabei sogar trotz drohender Unwetter dank ihrer optimistischen Moderation gute Laune - sprich den Sonnenschein im Herzen – in die Wohnzimmer ihrer Zuseher zu übermitteln.

Schlepperrouten führen über den Balkan
3500 Illegale von Polizei in Güterzügen gefasst

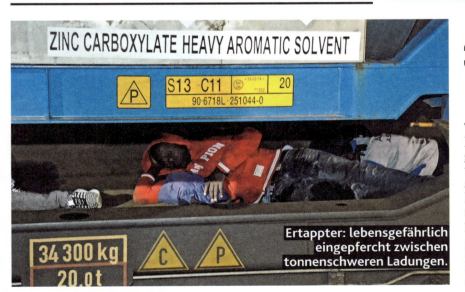

Ertappter: lebensgefährlich eingepfercht zwischen tonnenschweren Ladungen.

Sicherheitsalarm auf der Schiene! Wie Gerald Tatzgern, Chef der Schlepperbekämpfung im Bundeskriminalamt, bestätigt, wurden im vergangenen Jahr mindestens 3500 Illegale entweder bei uns im Land oder auf dem Weg nach Österreich aus ihren Verstecken in Güterzügen gefischt. Das heißt, pro Tag wurden etwa zehn Illegale gleichsam in Waggon-Verschläge gestopft. Firmenplomben wurden aufgezwickt und durch eigene „Sicherheitsplomben" ersetzt. Viele der Flüchtlinge – zumeist Afghanen und Syrer – waren aus heillos überfüllten Lagern in Griechenland über die Balkanroute oder Bulgarien geflohen.

Kronen Zeitung | **JÄNNER 2020**

◁ Wie Auszüge aus dem Video zeigen, hat der Mann den Fahrer der Pistenraupe auf aggressive Art und Weise attackiert. Die Bilder des Übergriffs schockieren, weil sie deutlich machen, wie sehr die Gewalt auf Österreichs Skipisten mittlerweile eskaliert. ▽

● Tourengeher schlägt Raupenfahrer ● Kein Einzelfall:

Gewalt auf Pisten eskaliert

„Alkohol-Exzesse, Anzeigen und nun noch ein Prügel-Video! Die Gewalt auf Österreichs Skipisten eskaliert zusehends. Das beweist ein Vorfall Mitte Jänner am Tiroler Rangger Köpfl", so bringt „Krone"-Redakteurin Jasmin Steiner die ausufernde Situation in vielen Skigebieten des Landes trefflich auf den Punkt. Im konkreten Fall hatte ein Skitourengeher einen Pistenraupenfahrer brutal attackiert. Dabei wollte der Einheimische die Wintersportler, die gegen 23 Uhr mit Stirnlampen ins Tal fuhren, nur warnen: Nämlich vor einem noch nicht gespannten Windenseil eines weiteren Raupenfahrers.

● Klimaschutz ist Hauptthema beim Weltwirtschaftsgipfel in Davos ● Kontroversen

Trump startet Klimakrieg gegen

Trump gegen Greta – ein Klimakrieg zwischen den Generationen

Der Klimaschutz ist heuer beim Weltwirtschaftsgipfel im Schweizer Davos das zentrale Thema. Und zwei kontroverse Figuren dominieren dort: die junge Aktivistin Thunberg und der gesetzte US-Präsident Trump. Er eröffnet den „Krieg gegen die Untergangspropheten", sie prangert die Untätigkeit an.

Unverblümt geht der US-Präsident in seiner Rede auf Konfrontationskurs zur 17-jährigen schwedischen Klimaaktivistin. „Wir müssen die ewigen Propheten des Untergangs und ihre Vorhersagen der Apokalypse zurückweisen", poltert der 73-Jährige bei seiner mit Spannung erwarteten Rede vor Spitzenvertretern aus Politik und Wirtschaft in Davos.

Es gebe ja immer Schwarzseher, die sehen wollten, dass man scheitere. Es dürfe aber nicht zu viel Skepsis geben. Die USA hätten Wachstum, Kreativität und die Bereitschaft, jeder Herausforderung zu begegnen, so Trump, der nur wenig zum Thema Klima spricht und vor allem die wirtschaftliche Entwicklung in seiner Amtszeit lobt.

Greta Thunberg sitzt mit eiserner Miene im Publikum. Sie hatte zuvor bei ihrem ersten Auftritt beim

WAS UNS BEWEGTE | Kronen Zeitung

Positivtrend: Hunde am Arbeitsplatz

Kollegen auf vier Pfoten wirken sich positiv aus. Studien zeigen, dass Hunde am Arbeitsplatz eine enorme Auswirkung auf die psychische und körperliche Gesundheit von Menschen haben. „Wir können uns besser konzentrieren, sind stressresistenter und auch die Gefahr von Herzinfarkten oder Depressionen sinkt", so „Krone"-Tierlady Maggie Entenfellner. In ihrem tierischen TV-Magazin erörtert Maggie im Gespräch mit den „Krone"-Journalistinnen Franziska Trost (li.) und Lisa Bachmann (re.) die nötigen Regeln, die es dabei unbedingt zu beachten gilt.

prallen aufeinander

Greta!

Weltwirtschaftsgipfel Politik und Wirtschaft Versagen beim Kampf gegen den Klimawandel vorgeworfen. Bisher sei auf politischer Ebene de facto „nichts getan" worden, so der schwedische Teenager. Der Klimaschutz sei durch die Proteste junger Menschen zu einem wichtigen Thema geworden, noch gebe es jedoch keinen Fortschritt „Es muss mehr passieren, dies ist erst der Anfang."

Persönlich könne sie sich über Aufmerksamkeit nicht beklagen, so Greta. „Aber die Wissenschaft und die Stimmen der jungen Generation stehen nicht im Zentrum der Debatte. Doch das müssen sie."

△ Boris Johnson hat den Brexit unermüdlich durchgeboxt.

EU-Abschied am 31. Jänner, um Mitternacht:

Die Österreicher sagen den Briten „Goodbye"

In Wien wird der Wehmut-Brexit für so manchen zur EU-Abschiedstrauer. „Last round please – und one Seiterl auf die EU." In einem Kaffeehaus gießt sich Kurt Tiroch, legendärer Präsident der Österreichisch-Britischen Gesellschaft ein Bier ein. Zum Feiern ist dem ehemaligen CEO des britischen Mineralölkonzerns BP ebenso wenig zumute wie dem „Krone"-Umweltredakteur und Austro-Briten Mark Perry, der sentimental gesteht: „Ich werde dich sehr vermissen, my good old little Britain."

● **Ein Elfjähriger** erschießt in der mexikanischen Stadt Torréon seine Lehrerin (50). Danach tötet er sich selbst. Vorbild der Wahnsinnstat: das beliebte Ego-Shooter-Videospiel „Natürliche Auslese".

● **Bei einem Unfalldrama** im Südtiroler Ahrntal sterben sieben Menschen. Ein Alkolenker (26) war in eine Gruppe deutscher Studenten gerast, die am Heimweg waren.

● **Michael Schnedlitz**, 35-jähriger Abgeordneter und Bürgermeister-Stellvertreter von Wiener Neustadt löst Christian Hafenecker als FPÖ-Generalsekretär ab.

● **Im Vorjahr** haben 68.000 Katholiken die Kirche verlassen, es gibt erstmals weniger als fünf Millionen Gläubige im Land. Deshalb hofft Kardinal Christoph Schönborn, dass Diözesanreformen und zeitgemäße Seelsorgestrukturen neuen Schwung in die Gemeinschaft bringen.

● **Die türkis-grüne** Regierung will die Pflege neu regeln. Geplant ist unter anderem eine Pflege-Fachschule. Dem Hilfswerk, eines der größten Sozialeinrichtungen des Landes, geht das nicht weit genug und fordert eine Lehre nach Schweizer Vorbild.

● **Peinlich:** Nach einem 6:1-Kantersieg über Aston Villa lassen die Spieler von Manchester City eine steile Feier mit 22 italienischen Instagram-Models folgen. Die „Sun" dazu: Diese Bunga-Bunga-Party war ein verspätetes Weihnachtsgeschenk.

● **55% Abgabe** für Einkommensmillionäre! Die Regierung spricht sich für eine Verlängerung des Spitzensteuersatzes für Top-Verdiener aus.

● **In einer Pizzeria** in Pitten (NÖ) wird der Chef (33) in seinem Lokal von seinem türkischen Ex-Partner erstochen. Der Täter – es gilt die Unschuldsvermutung – fotografiert die Leiche und verschickt die Bilder per Whatsapp.

● **Eine Studie** deckt auf, dass der EU die Steuerflucht pro Jahr 170 Milliarden Euro kostet. Rund 60 Milliarden gehen auf das Konto von Konzernen wie Starbucks, die Gewinne in Steueroasen verschieben.

Direktor Dominique Meyer und Ball-Organisatorin Maria Großbauer nehmen beim Opernball gemeinsam Abschied von der Wiener Opernbühne.

WAS UNS BEWEGTE

TOP-THEMEN IM FEBRUAR

- Amoklauf in Thailand: 27 Todesopfer, 50 Verletzte
- „Krone"-Gipfel gegen das Tierleid in Österreich
- Deutscher Killer mordet aus blindem Fremdenhass
- Jedes vierte Kind kann nicht sinnerfassend lesen
- Handy fällt ins Wasser: Mädchen tot in Badewanne!

FEBRUAR 2020

Thailändischer Soldat filmt und streamt Blutbad in Einkaufscity live auf Facebook

Amoklauf: 27 Tote, 50 Verletzte!

Bei einem blutigen Amoklauf tötet ein 32-jähriger Soldat in Thailand 26 Menschen. Er hatte den Anschlag in einem Einkaufszentrum gefilmt und live auf Facebook gestreamt, ehe er von Polizisten erschossen wurde. Als Motiv sprach der Amokschütze von „Rache und Selbstverteidigung".

Nachdem Soldat Jakrapanth Thomma drei Kameraden getötet und das Munitionslager der thailändischen Militärbasis Surathampithak geplündert hatte, raste er mit einem gestohlenen Armee-Jeep zu einem buddhistischen Tempel und feuerte dort auf mehrere Gläubige. Dann stürmte er in ein Einkaufszentrum, erschoss weitere Menschen und nahm dann auch noch mehrere Geiseln, ehe er von Scharfschützen der Polizei getötet wurde.

„Eine solche Tat hat Thailand noch nie erlebt", erklärt Thailands Premierminister Prayut Chan-o-cha. Auslöser der Wahnsinnstat mit 27 Toten und 50 Verletzten dürfte ein Streit um einen Hausverkauf zwischen dem Bewaffneten und der Schwiegermutter seines Kommandeurs gewesen sein. Die 62-jährige Frau ist ebenso unter den Todesopfern.

Opfer vorm Einkaufszentrum (o.) und auf der Flucht

⌃ Als ein Gastank lichterloh explodiert, macht der Todesschütze ein Selfie

„Zeig mir die Welt, Mami ...", das scheint das ebenso süße wie freche Eisbär-Baby im Schönbrunner Tiergarten seine Mama „Nora" zu bitten. Mit drei Monaten präsentiert sich das weiße Fellknäuel erstmals den Besuchern im Freigehege. Zoodirektor Stephan Hering-Hagenbeck bittet die Tierfreunde um Namensvorschläge. Und so wird das Bärenmäderl nach 21.000 Einsendungen auf den nordischen Namen „Finja" („Die Schöne") getauft.

80% der Firmen schon Ziel von Angriffen

Cybercrime: Wirtschaft betroffen

Cybercrime wird auch in Österreich zu einer zentralen Herausforderung für die Unternehmen: 80 Prozent der Klein- und Mittelbetriebe, die im Rahmen einer Studie befragt wurden, waren bereits Ziel von Cyber-Angriffen. „Diese Internet-Attacken erfolgen häufig an Wochenenden oder während der Feiertage, wenn schneller Rat doppelt wertvoll ist", warnt Martin Heimhilcher von der Wiener Wirtschaftskammer.

● Handy fiel ins Wasser ● Elektro-Schlag!

Strom: Mädchen tot in Wanne

Todesfalle Handy im Bad! Nach vielen tragischen Fällen weltweit und auch in Österreich, stirbt Ende Februar eine Elfjährige in Dornbirn, nachdem ihr das angesteckte Smartphone in die Badewanne gefallen war. Das Vorarlberger Mächen erlitt einen Stromschlag. „Obwohl der Onkel des Kindes die Tür eintrat, die Nichte aus dem Wasser zog und versuchte, sie wiederzubeleben, starb sie", so Redakteur Elred Faist.

So sexy hat man Madeleine Krakor bei „Alles was zählt" noch nicht gesehen. In der RTL-Produktion spielt die 36-Jährige die Rolle der Steffi König immer sittsam bekleidet. Doch für das Männermagazin „Playboy" zeigt Madeleine ihre Kurven an der Traumküste Südafrikas.

Doping-Netzwerk in Spanien gesprengt

Spektakuläre Kommandoaktion der spanischen Guardia Civil: Fahnder zerschlagen ein kriminelles Netzwerk, das seit zehn Jahren bis zu 260 Amateur- wie auch Profisportler in ganz Europa mit dem Blutdoping-Mittel EPO beliefert haben soll. Und auch nach Österreich führen die Spuren. Etliche rot-weiß-rote Athleten waren Kunden des großen Doping-Ringes.

Abschied von einer Hollywood-Legende. Mit dem Tod von Weltstar Kirk Douglas, der im Alter von 103 Jahren starb, geht eine Ära des Films zu Ende. Douglas – oben beim letzten öffentlichen Auftritt mit Enkel Cameron, Sohn Michael und Schwiegertochter Zeta-Jones – drehte mehr als 80 Streifen. Mit seiner genialen Rolle als Spartacus (re.) schrieb er 1960 Filmgeschichte.

Jedes vierte Kind kann nicht sinnerfassend lesen:

Schlechtes Zeugnis für Leseförderung in Schulen

Nach jedem PISA-Test ist der Aufschrei über das Bildungsniveau in unseren Schulen besonders groß. Doch diesmal stellt auch der aktuelle Bericht des Rechnungshofes der Leseförderung ein schlechtes Zeugnis aus: Nur jeder vierte Schüler in Österreich kann sinnerfassend lesen.

Bereits 2001 kündigte die damalige Bildungsministerin Elisabeth Gehrer (ÖVP) die Initiative „Lesefit" an, um die Zahl der leseschwachen Kinder zu halbieren. Gelungen ist dies offenbar nicht. Der Rechnungshof stellt die schlechten Leseleistungen mit den damals ebenso verordneten Stundenkürzungen in Verbindung.

„Nun gibt sich das Bildungsministerium problembewusst. Mann müsse die Lesefreude wecken", so bringt „Politik"-Redakteurin Doris Vettermann die Idee von Minister Heinz Faßmann (ÖVP) auf den Punkt. Eingesetzte Materialien sollen gesichtet und eine Lehrplan-Reform in Angriff genommen werden.

Der letzte Akt einer

ALLES WALZER

Organisatorin Maria Großbauer und Direktor Dominique Meyer feiern Abschied von der Wiener Opernbühne. Dafür fulminanter Auftritt des Opernballetts.

Könnte es sein, dass man an diesem Abend Wehmut in den Augen der Opernball-Organisatorin, Pardon, Ex-Opernball-Organisatorin Maria Großbauer sah? Mit dieser Frage eröffnet Adabei-Sir Norman Schenz seine prickelnde Reportage zum Ball der Bälle: ein mehrseitiger, mit dem „Adabei"-Team recherchierter Überblick vom Ball der Bälle. Garniert mit den besten Bildern der beiden „Krone"-Fotografen Peter Tomschi und Alexander Tuma.

„Wehmut kann gut sein", so die Antwort zur Abschiedsfrage. Denn launiger mitternächtlicher Saxofon-Einsatz hin oder her, jetzt ist Schluss mit lustig für Madame Großbauer – zumindest in der Oper. „Ich gehe mit vielen positiven Erinnerungen, weil ich viele tolle Menschen kennenlernen durfte", sagt sie im „Krone"-Talk, auch in Anspielung auf ihr stets gutes Einvernehmen mit Direktor Meyer. Nach zehn Jahren als Chef im Haus endet sein Vertrag im Juni. Nachfolger Bogdan Roščić wird beim 65. Opernball die Fäden ziehen, mit oder ohne Richard Lugner. Diesmal jedenfalls machte der Baumeister nach der Absage von Lindsey Vonn mit Stargast Ornella Muti einen wahren Glücksgriff.

Mörder Tobias R. (re.) rast nach dem 1. Mordanschlag in einer Shisha-Bar in die Arena-Bar (li.), wo er neuerlich mehrere Menschen mit Migrationshintergrund erschießt. Vor Tatort Nr. 1 (u.) finden Kriminalisten zahlreiche Projektile.

WAS UNS BEWEGTE | Kronen Zeitung

Opernära

K. Gergely   L. Bachmann   N. Schenz   S. Schwarzjirg

Adabei
auf dem Opernball

◬ Fulminante Eröffnung durch das Staatsopernballett und letzter Walzer für Maria Großbauer und Direktor Dominique Meyer. ▷

◬ Nina Proll – mit gewagtem Dekolleté – sang, Gatte Gregor Bloéb feuerte sie an.

◬ Hahn im Korb: Richard Lugner in Begleitung von Italiens Filmdiva Ornella Muti (li.) und Karin „Zebra" Karrer.

11 Tote bei Terror im deutschen Hanau
Ein Killer mordet aus Fremdenhass!

In der hessischen Stadt Hanau richtet ein 43-jähriger Deutscher in zwei Bars ein Blutbad an. Wie aus seinem Bekennerschreiben hervorgeht, dürfte der Todesschütze an paranoiden Weltvorstellungen gelitten haben. Sein abscheuliches Motiv: abgrundtiefer Fremdenhass!

Er taucht wie ein Todesengel in der Shisha-Bar „Midnight" in der Hanauer Innenstadt auf. Wortlos geht er in den Raucherbereich und erschießt vier junge Männer, eine schwangere Frau sowie deren noch ungeborenes Kind. Alle Opfer sind kurdischstämmige Menschen. Danach rast der Sportschütze mit seinem BMW in die „Arena Bar".

Auch dort tötet er vier Gäste, ehe er zu Hause seine Mutter erschießt. Danach jagt er sich selbst eine Kugel in den Kopf. „Ermittlungen ergeben, dass Tobias R. ein Incel war, also jemand, der nie eine Beziehung mit einer Frau gehabt hatte", so Redakteur Ed Ricker. Und: Der Killer fühlte sich von einer ausländischen Geheimdienstgruppe verfolgt.

Warum heuer kein Winter war! In einem informativen Öko-Bericht erklärt Umwelt-Redakteur Mark Perry, dass das fehlende Alpinwetter in den vergangenen Monaten in der „russischen Natur der Sache" liegt. Denn weil es im Osten alles andere als sibirisch kalt ist, war es rein meteorologisch auch unmöglich, dass bei uns Schnee fiel. Kunstschnee für die Skifahrer (Foto) sorgte für „Ersatz".

Kronen Zeitung | **FEBRUAR 2020**

◁ Diskutierten beim „Krone"-Gipfel gegen Tierleid: Tobias Giesinger, Maggie Entenfellner, Hannes Royer, Thomas Erber, Pamela Rendi-Wagner, Eva Rosenberg, Josef Moosbrugger, Rudi Anschober, K. Herrmann (v.li.n.re.).

> Horrortransport heimischer Kälber > EU-Exportverbot von Tieren in Drittstaaten

„Krone"-Gipfel gegen Tierleid

Gipfel soll qualvolle Tiertransporte in Zukunft stoppen

Grauenvolle Tiertransporte, über Tausende Kilometer hinweg, quer durch Europa, in den Tod – der Aufschrei der Österreicher über die vom „Verein gegen Tierfabriken" (VGT) aufgedeckte Praxis ist so laut, dass er von Volksvertretern nicht mehr überhört werden kann. Die „Krone" beruft deshalb einen Gipfel gegen Tierleid ein.

„Wen dieses Thema nicht bewegt, dem kann man nicht mehr helfen!", so bringt der geschäftsführende Chefredakteur der „Krone", Klaus Herrmann, den Kern des Themas auf den Punkt.

Es geht darum, zu verhindern, dass Kälber, die im Ausland unter widrigsten Bedingungen gemästet werden, als Billigfleisch auf unseren Tellern landen. „Bei unserem Gipfel gegen Tiertransporte einigten sich die Teilnehmer auf wesentliche Forderungen gegen Tierleid", so „Krone"-Tierlady Maggie Entenfellner.

Gemeinsam mit Redakteurin Christa Blümel macht sie gegen die Horrortransporte mobil. So soll künftig nur noch österreichisches Fleisch in öffentliche Großküchen von Bundesheer bis Spital kommen. Zudem stehen Förderung von Bauern, die tierwohlorientiert arbeiten sowie die Kontrollverschärfung aller Transporte auf dem Programm.

Strahlendes Oscar-Trio: Joaquin Phoenix („Joker"), Renée Zellweger („Judy") und Brad Pitt („Once Upon A Time"). Und Laura Dern (53), die den Preis als beste Nebendarstellerin in „Marriage Story" gleichsam als Geburtstagsgeschenk erhielt. Als großer Abräumer errang der Film „Parasite" aus Südkorea gleich vier Oscars: Die Satire wird für das beste Originaldrehbuch, die beste Regie, als bester internationaler Film und – als erster nicht englischsprachiger Streifen – auch als bester Film ausgezeichnet.

WAS UNS BEWEGTE | Kronen Zeitung

Hoch wie nie! Der Titel des legendären Falco-Songs passt perfekt auf Österreichs Skispringerinnen. Beim Heimbewerb in Hinzenbach (Oberösterreich) feiern die von der „Krone" unterstützten Chiara Hölzl (re.) – mit ihrem bereits sechsten Saisonsieg – und ihre Zimmerkollegin Eva Pinkeling einen Doppeltriumph.

Steirerin hatte panische Angst vor ihm

Junge Mutter von Ex-Freund getötet

Der fünfte Frauenmord im heurigen Jahr löst bei vielen besonderes Entsetzen aus: Denn das Mordopfer, eine Steirerin (34) aus Maierhofen, hatte aus panischer Angst bereits die Schlösser ihres Hauses ausgewechselt – und ihre Brüder um Hilfe gebeten.

„Nachdem sich die bildhübsche Oststeirerin Ende Jänner vom Lebensgefährten getrennt hatte, lebte sie laut Angaben ihres Stiefvaters in ständiger Angst", berichtet das „Krone"-Reporterinnenduo Christa Blümel und Monika Krisper. Um nicht in ihrem Haus überrascht zu werden, ließ die Mutter einer zwölfjährigen Tochter alle Schlösser wechseln. Als der verdächtige Oberösterreicher – für ihn gilt die Unschuldsvermutung – an einem Sonntagvormittag auftauchte, rief sie sofort ihre Brüder um Hilfe.

Doch als diese eintrafen, gab es für die Schwester keine Rettung mehr: Sie war mit drei Schüssen niedergestreckt worden. Der Schütze wurde verhaftet.

⌃ Die 34-jährige Mutter einer zwölfjährigen Tochter lebte in panischer Angst vorm Ex-Freund.

Der mutmaßliche Täter (34) soll seine Ex-Geliebte in diesem Haus mit drei Schüssen getötet haben. ⌄

● **Mit einem Paukenschlag** beendet Innenminister Karl Nehammer die pikante Bademantel-Affäre um Andreas Wieselthaler im Bundesamt der Korruptionsbekämpfer. Er ernennt Lukas Berghammer zum neuen BAK-Direktor.

● **Zwei Monate** war es in London ruhig. Anfang Februar holt der Terror den Alltag wieder ein: In einer Einkaufsstraße erschießt die Polizei einen Messerattentäter. Der wegen der Verbreitung islamistischer Propaganda Verurteilte war eben erst aus der Haft entlassen worden.

● **Die Mängelliste** in der slowakischen Atomruine Mochovce gleicht einer Kettenreaktion: Wegen 54 Kilometer falsch verlegter Steuerkabel muss die Inbetriebnahme von Block III erneut auf Ende 2020 verschoben werden.

● **Zwei weitere Bluttaten** erschüttern die Steiermark: In Trieben tötet ein Asylwerber aus Afghanistan seine Frau, weil sie ihn wegen Misshandlungen anzeigen wollte. Und in Graz ersticht ein erst am Vortag aus der Psychiatrie Entlassener eine Zahnarztassistentin auf offener Straße.

● **Der Arm des Gesetzes** reicht bis nach Afrika: Mehr als 28 Jahre lang versteckte sich ein geflüchteter Steirer in Nigeria. Nun fassen Zielfahnder den Verdächtigen. Der heute 64-Jährige soll seine Stieftochter regelmäßig sexuell missbraucht haben.

● **Mit 290 km/h** entgleist der Hochgeschwindigkeitszug „Fecciarossa" nahe Mailand. Die Lokomotive überschlägt sich in einem Bahnhof. Zwei Lokführer sterben, 26 Personen werden verletzt.

● **Auf Befehl** von Präsident Donald Trump töten US-Militärs bei einer Geheimoperation im Jemen Kassim Al-Rimi, Al-Kaida-Chef auf der Arabischen Halbinsel.

● **Josef Marketz** wird im Klagenfurter Dom zum neuen Erzbischof der Diözese Gurk-Klagenfurt geweiht. „Er ist ein Mann des Dialogs und sein Herz schlägt für die Armen", wünscht ihm Caritas-Präsident Michael Landau viel Kraft und Gottes Segen.

Kronen Zeitung | CORONA-KRISE

Corona hält die

- Kleines Virus zwingt auch große Staaten in die Knie
- Krankheits-Pandemie tobt rund um den Globus
- Bis Herbst 40 Millionen Fälle und 1,1 Millionen Tote
- Wirtschaft am Boden, Arbeitslosenrate dramatisch
- Größte (Gesundheits-)Krise seit Zweitem Weltkrieg
- Ausgangsbeschränkungen harte Belastungsprobe
- Masken prägen Straßenbild der neuen Normalität
- Ärzte, Pfleger und Supermarkt-Angestellte Helden

DEUTSCHLAND: Verhaftung bei einer illegalen Hausbesetzung.

GRIECHENLAND: Migranten warten im Elendscamp Moria auf Busse.

CHINA: Ein Militärpolizist im Epizentrum des Corona-Virus.

AMERIKA: Präsident ohne Plan: Trump belächelt Corona zuerst.

IRAK: Ein Muezzin in Basras Al-Musawi-Moschee mit dem Koran.

WAS UNS BEWEGTE — Kronen Zeitung

Welt in Atem

SPANIEN: Ein zärtlicher Masken-Kuss am Muttertag in Cordoba zwischen Tochter und Mama.

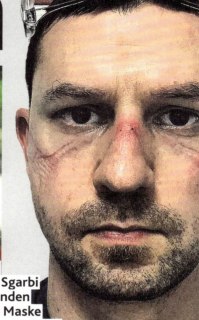

BERGAMO: Arzt Nicola Sgarbi nach 14 Stunden Einsatz. Die Maske zerfurcht das Gesicht.

FRANKREICH: Auch die Statue vor dem Pariser Eiffelturm trägt Maske.

ÖSTERREICH: Kundenansturm nach Wiedereröffnung auf ein großes Möbelhaus.

WIEN: Das virologische Polit-Quartett bei einem Auftritt.

ITALIEN: Carabiniere vor Urnenreihe mit den vielen Opfern der Pandemie.

Kronen Zeitung | CORONA-KRISE

Die Macht der

- Monatelang bewegt die „Krone"-Leserfamilie nur ein Thema
- Mehr als 65.000 Infektionen und 900 Tote bis Herbstsaison
- Für die meisten eine noch nie gekannte Ausnahmesituation

Was haben sie im Frühjahr 2020 gemacht? Diese Frage werden wohl die meisten Österreicher noch in Jahren beantworten können. Denn die große „Krone"-Leserfamilie, ja das ganze Land, bewegt nur ein Thema: Die Pandemie einer neuartigen Lungenkrankheit, genannt Corona. Der Kampf gegen das kleine heimtückische Virus

WAS UNS BEWEGTE — Kronen Zeitung

Bilder

hält auch Österreich monatelang, bis in den Winter hinein, in Atem; beeinflusst das Leben von knapp neun Millionen Österreichern enorm. Diese nur kleine Auswahl an „Krone"-Titelseiten zeigt die Dominanz der Schlagzeilen rund um den auf einem chinesischen Wildtiermarkt in der eher bisher unbekannten Millionenstadt Wuhan erstmals verbreiteten Erreger.

Von der größten gesundheitlich und wirtschaftlichen Ausnahmesituation durch Covid-19 seit dem Zweiten Weltkrieg mit dem kompletten Herunterfahren des Landes infolge der stark steigenden Infizierten-Rate samt harten Ausgangsbeschränkungen über die Wiedereinführung von Grenzkontrollen und der Maske als ständigem Wegbegleiter in der neuen Normalität bis hin zu den ersten vorsichtigen Öffnungsschritten: Die Disziplin und der Zusammenhalt innerhalb der Bevölkerung ist in dieser schwierigen Zeit trotz Abstand groß – auch wenn sich im Winter eine gewisse „Corona-Müdigkeit" bemerkbar macht.

Mit bis zur kalten Jahreszeit mehr als 65.000 Infektionen, 900 Toten und vierstelligen Fallzahlen pro Tag gilt es aber bis zu einem Impfstoff wachsam zu bleiben. Währenddessen müssen wir mit dem Virus leben...

CORONA-KRISE

Lockdown:

- Coronavirus erreicht im Februar Österreich
- Regierung verhängt den Ausnahmezustand
- Geschäfte, Lokale, Hotels und Schulen zu

Es sind Schicksalstage für Österreich. Nachdem am 25. Februar die Rezeptionistin eines Innsbrucker Hotels und ihr Freund – beide aus dem Virus-Katastrophengebiet Italien – die ersten Corona-Fälle sind, beschließt die Regierung ab Mitte März beispiellose Maßnahmen. Gesundheitsminister Rudolf Anschober erklärt die Dramatik: „Wir müssen Zeit gewinnen. Berichte von Ärzten in Italien lesen sich wie eine Kriegsberichterstattung." Im Kampf gegen den unsichtbaren Feind bzw. die stark steigenden Infektions-

Das Corona-Virus erreicht Ende Februar erstmals auch unser Land. Die Folgen (unten) sind dramatische Maßnahmen der Regierung. Österreich befindet sich im Ausnahmezustand.

Auch Kinder-Spielplätze werden behördlich gesperrt.

Eine verwaiste U-Bahn-Station in Wien - geisterhafte Leere in Städten.

Ein Land fährt herunter

zahlen fährt das Land herunter. Geschäfte, Schulen, Hotels, Restaurants, Discos, Cafés, Schwimmbäder, Friseure etc. werden geschlossen, sogar Kinderspielplätze im Freien sind gesperrt.

Die Metropolen Österreichs gleichen Geisterstädten. Offen bleibt nur, was man zum täglichen Leben benötigt. Also Supermärkte, Apotheken, Banken und auch Tiernahrungsketten. Sowie natürlich Spitäler, Arztpraxen und Tankstellen.

Auch Schulen müssen in der Corona-Krise schließen.

Eine italienische Rezpetionistin aus diesem Tiroler Hotel ist der erste Corona-Fall in Österreich

CORONA-KRISE

Wintersport-Mekka

Die Tiroler Skiorte Sölden und Ischgl sind zwei von 279 Tiroler Gemeinden, die unter Quarantäne stehen.

Polizei und Bundesheer überwachen die Sperre.

> Tiroler Nobel-Skiort ist Corona-Brennpunkt
> Schwere Vorwürfe – Staatsanwalt ermittelt
> Après-Ski-Bars sind Brandbeschleuniger

Das Tiroler Skimekka Ischgl wird zum Krimi. Denn der Nobel-Wintersportort gilt für ausländische Medien als Symbol für Behördenversagen im Umgang mit dem Virus im Herzen Europas. Nachdem die isländische Regierung nach Massenerkrankungen von heimgekehrten Urlaubern den Wintersport quasi zum Katastrophengebiet erklärt, vergeht wertvolle Zeit, bis endlich reagiert wird.

In dieser Zeit wird noch heftig in den Après-Ski-Bars gefeiert – eine echte Virenschleuder. Als dann mehrere Arlbergorte unter Quarantäne gestellt werden, verläuft auch die hektische Abreise der Tausenden Touristen alles andere als koordiniert ab. In einem 1000-seitigen Bericht an die Staatsanwalt-

WAS UNS BEWEGTE | Kronen Zeitung

wird zum Virus-Krimi

schaft Innsbruck listet die Polizei die Details auf.

Indes wächst die Kritik an Liftkaiser, Skigebieten und Landeshauptmann Günther Platter. Der räumt, wie „Krone"-Redakteurin Jasmin Steiner berichtet, Fehler ein: „Alles richtig zu machen ist angesichts dieser Krise, die weltweit einzigartig ist, nicht möglich. Das müssen wir eingestehen."

Es stellt sich die Frage, ob man für einige Tage Pistengaudi die Gesundheit eines ganzes Landes riskiert hat.

Ausgefeiert – Skitouristen verlassen Ischgl und andere Tiroler Skiorte in Scharen. Die Bewohner müssen zu Hause bleiben.

CORONA-KRISE

Helden der Krise

- Wer das Land in schwerer Zeit am Laufen hält
- Ärzte, Supermarkt-Kassierer, Pflegekräfte & Krankenschwestern arbeiten aufopferungsvoll
- Polizei, Zivildiener und die Miliz als Hilfe bei der „Heeres-Feldpost" sind im Dauereinsatz
- Zusammenhalt trotz Abstand beeindruckend

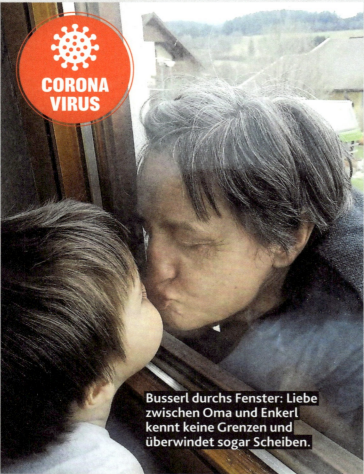

Busserl durchs Fenster: Liebe zwischen Oma und Enkerl kennt keine Grenzen und überwindet sogar Scheiben.

Maskenpflicht in Supermärkten sollen Mitarbeiter und Kunden vor einer Ansteckung mit der Krankheit schützen.

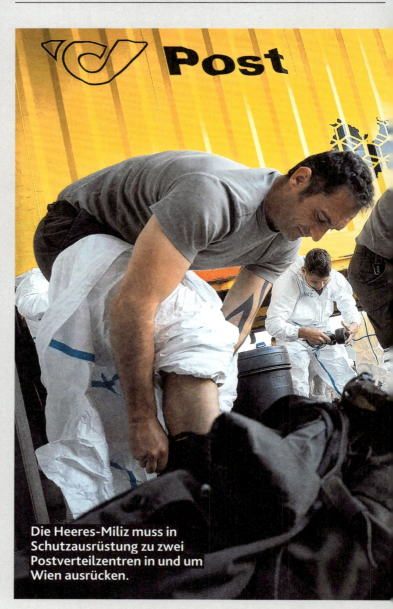

Die Heeres-Miliz muss in Schutzausrüstung zu zwei Postverteilzentren in und um Wien ausrücken.

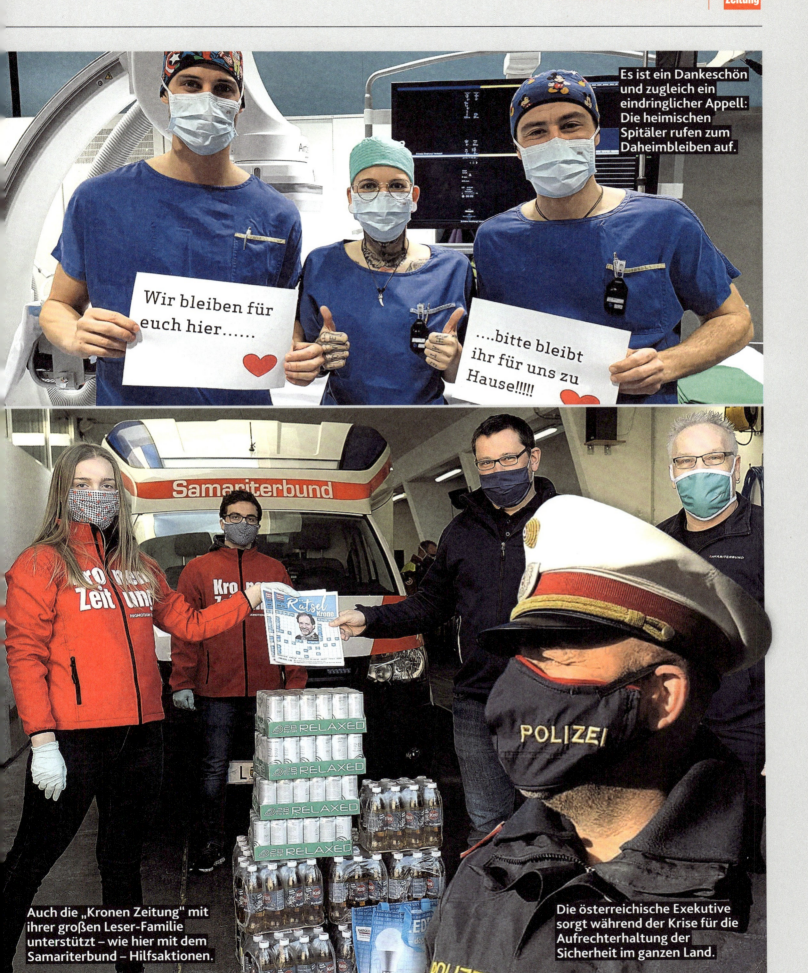

CORONA-KRISE

Frisöre und Kunden müssen ebenso Masken tragen.

Gesichtsschutz und Handschuhe als ständiger Wegbegleiter im Alltag.

Ganz Österreich trägt

- Mund-Nasen-Schutz ist die neue Normalität
- Ansteckungsgefahr um 80 Prozent reduziert
- In Geschäften, Öffis, Gastro & Supermarkt
- Auch Weltgesundheitsorganisation ist dafür
- Polizei kontrolliert rigoros „Maskensünder"
- 50 Euro Strafe bei Verstoß gegen Tragepflicht

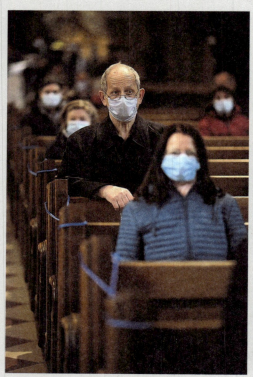

Auf den Kirchenbänken herrscht Abstand und Vermummungsgebot.

Auch im Kaffeehaus servieren die Kellner mit einem Mund-Nasen-Schutz.

Neue Normalität beim Einkaufen – Polizei kontrolliert die Tragepflicht.

WAS UNS BEWEGTE | Kronen Zeitung

Der „Walzerkönig" einmal anders: Das weltberühmte Johann-Strauß-Denkmal im Wiener Stadtpark

Liebe trotz Maske. Dieses glückliche Hochzeitspaar in Salzburg zeigt vor, wie's geht.

Maske

Bisher kannten wir solche Bilder nur von asiatischen Touristen, die mit verhülltem Gesicht durch Wien, Salzburg oder andere heimische Metropolen schlenderten. Jetzt ist es auch bei uns die neue Normalität, die Maske prägt den Alltag. Überall vermummte Menschen: in den Kirchen, beim Wirt, in den Supermärkten und Geschäften ist der Mund-Nasen-Schutz nicht mehr wegzudenken.

Neben den vielen modischen Trends hat der Gesundheitsschutz oberste Priorität. Nach Angaben von renommierten Medizinern kann dadurch die Corona-Ansteckungsgefahr um 80 Prozent verringert werden. Selbst die Weltgesundheitsorganisation WHO empfiehlt nach anfänglicher Skepsis diese Maßnahme.

Kommt noch der von der Regierung empfohlene Babyelefanten-Abstand von mindestens eineinhalb Metern hinzu, ist das Infektionsrisiko nahezu bei null. Die heimische Polizei kontrolliert auch rigoros die von der Regierung angeordnete Tragepflicht. Bei einem Verstoß setzt es ein 50-Euro-Organmandat.

Bitte Mund und Nase bedecken!

Das virologische Polit-Quartett mit Gesundheitsminister Rudolf Anschober, Regierungschef Sebastian Kurz, Vizekanzler Werner Kogler und Innenminister Karl Nehammer verhüllt sich.

Die Milizsoldaten des Österreichischen Bundesheeres mit ihren modischen Camouflage-Masken, die vom heimischen Militär in Eigenproduktion hergestellt werden.

CORONA-KRISE

Ostern ganz anders: Wir bleiben daheim

- Corona-Verzicht auf Ausflüge und Familientreffen
- Regierungsspitze bittet Bevölkerung durchzuhalten
- Aufregung um Erlass zu Ausgangsbeschränkungen

Auch wenn Sonne und Natur (froh)locken – wir bleiben zu Ostern daheim. Groß angelegte Touren oder Spazierfahrten sind für die Österreicher tabu. Das Motto für 2020 lautet „Feiern im engsten Kreis". Schwacher Trost: Ausflugsziele wie der Wiener Prater, viele Gewässer wie etwa der Neusiedler See, der Grundlsee oder die Burg Forchtenstein und die Festung in Kufstein in Tirol sind ohnehin gesperrt. Auch Gottesdienste sind nach wie vor gestrichen – es gibt aber Live-Übertragungen von Messen. Die Kirchen bleiben als stiller Ort der Einkehr und des Gebetes offen.

Die Regierungsspitze bittet die Bevölkerung weiter durchzuhalten. Man dürfe die positive Entwicklung bei den Zahlen nicht zerstören. Ein Osterei legt sich die türkis-grüne Koalition indes mit einem umstrittenen Erlass. In diesem werden die jeweiligen Landesbehörden aufgefordert, „sämtliche Zusammenkünfte in geschlossenen Räumen, die mehr als fünf Personen umfassen, zu untersagen". Die Opposition spricht von „Schnüffeln" und „Aufruf zur Vernaderung".

Nach heller Aufregung muss das Gesundheitsministerium eingestehen: „Wir haben da Verwirrung gestiftet." Das Kontaktverbot wird zurückgenommen.

WAS UNS BEWEGTE

Auch der Osterhase trägt Maske. Die Tage in der Corona-Quarantäne werden länger, das Wetter immer schöner. Dennoch heißt es für die Österreicher weiterhin: Brav daheim bleiben und nur im engsten Kreis feiern. Viele Ausflugsziele sind aber ohnehin gesperrt.

CORONA VIRUS

CORONA-KRISE

Geisterflughafen Wien-Schwechat: Die Abflughallen sind praktisch menschenleer.

Reisefreiheit vor dem

> Grenzen dicht, Flugzeuge auf dem Boden
> AUA erhält 450 Millionen Euro Staatshilfe
> Rückholaktion für Tausende Österreicher

An den heimischen Grenzen gibt es Gesundheits-Checks.

Die Corona-Krise lässt die Reiseströme in und nach Österreich dramatisch einbrechen. Die Grenzen sind praktisch dicht, von den Behörden werden mit Hilfe der Miliz des Bundesheeres Gesundheits-Checks (ein ärztliches Attest über einen negativen Covid-19-Test darf nicht älter als vier Tage sein) und Fiebermessungen durchgeführt. Auch der Flugverkehr liegt in einem noch nie gesehenen Ausmaß am Boden. Tausende im Ausland gestrandete Österreicher müssen in einer beispiellosen wochenlangen Rettungsmission der Regierung zurückgeholt werden.

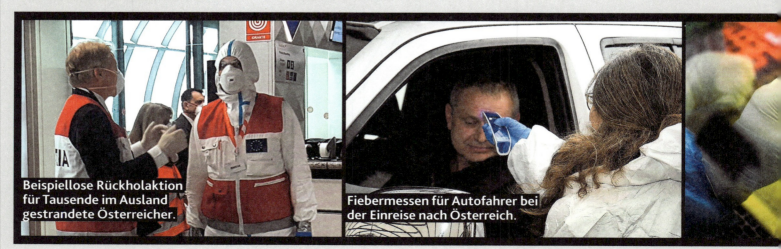

Beispiellose Rückholaktion für Tausende im Ausland gestrandete Österreicher.

Fiebermessen für Autofahrer bei der Einreise nach Österreich.

WAS UNS BEWEGTE | Kronen Zeitung

CORONA VIRUS

Ende

Weltweit gleichen die Landepisten einem einzigen Fliegerparkplatz, auch der Airport Wien-Schwechat ist verwaist. Dort, wo sonst Tag für Tag Hunderte Passagiere anstehen, um einzuchecken, sind viele Schalter geschlossen und die Abflughallen gähnend leer ...

Für die AUA-Rettung müssen 450 Millionen Euro Staatshilfe fließen. Und Deutschland kann die Mutter Lufthansa nur mit einem Milliardenpaket vor dem Absturz bewahren.

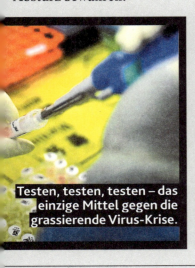

Testen, testen, testen – das einzige Mittel gegen die grassierende Virus-Krise.

Die Landepisten gleichen Parkplätzen: Auch AUA-Flieger bleiben in Wien auf dem Boden.

CORONA-KRISE

Sturm auf Geschäfte

◉ Kundenschlangen mit Einkaufswägen am ersten Tag der Handelseröffnung vor Baumärkten und Gartencenter. Gekauft wird alles fürs Haus (Bild links) und den eigenen Garten. ◉

und Stau beim „Mäci"

- Baumärkte, Gartencenter & Co sperren auf
- Einlassbeschränkungen samt Maskenpflicht
- Freude über erste Öffnungen nach Wochen

Die Freude über die ersten schrittweisen Öffnungen nach den wochenlangen Ausgangsbeschränkungen im Handel – Baumärkte, Gartencenter, Tankstellen und angeschlossene Waschstraßen, Kfz- und Fahrradwerkstätten, Baustoff-, Eisen- und Holzhandel, Pfandleihanstalten und Handel mit Edelmetallen sowie Geschäfte bis 400 Quadratmeter Fläche – ist bei Frau und Herr Österreicher riesig.

Für viele ist es trotz Einlassbeschränkungen ein Stück wiedergewonnene Freiheit. Schon in der Früh am ersten Shopping-Tag bilden sich lange Schlangen mit Einkaufswägen vor den jeweiligen Eingangstüren. Alles bleibt aber soweit gesittet: Mit Maske und Babyelefanten-Abstand. Da heuer im Urlaub eher „Dahamas" statt Bahamas bzw. Fernreisen angesagt ist, gehen alle Produkte für das Haus und den eigenen Garten weg wie warme Semmeln.

Auch der erste Burger bei einer großen Fastfood-Kette seit der Corona-bedingten Schließung Mitte März lockt Hungrige in Scharen. Vor den heimischen Drive-in-Schaltern bildet sich ein regelrechter „Mäci-Stau". Es kommt zu Wartezeiten von bis zu einer Stunde. Sogar die Polizei muss einschreiten und verkehrstechnisch für Ordnung sorgen, weil die Autos teils bis auf die Fahrbahnen stehen.

Strenge Hygieneregeln beim Burger-Brater. Sogar mit dem Fahrrad fahren Hungrige im Drive-in vor. Die Freude über den ersten Big Mac & Co ist groß (re.). Wegen „Mäci-Stau" allerorts muss auch die Polizei ausrücken.

CORONA-KRISE

Babyelefant wird zur

- Salzburger Festspiele in abgespeckter Form gerettet
- Große „Krone"-Hilfsaktion in schweren Corona-Zeiten
- Zehntausende Menschen mit Lebensmitteln versorgt

Der heimische Kultursommer mit seinen vielen Volks- und Feuerwehrfesten, Konzerten und den weltberühmten Salzburger Festspielen droht durch Corona komplett ins Wasser zu fallen. Im letzten Moment kann die Grande Dame und Präsidenten Helga Rabl-Stadler im 100. Jubiläumsjahr zumindest ein abgespecktes Programm vom 1. bis 31. August präsentieren. Bei den Festspielen ist man sich der Bedenken bewusst und hat für den heurigen Sommer ein komplexes Sicherheitssystem ausgearbeitet. „Es geht darum, dass wir hier einen guten Weg finden, dass das Publikum trotz der Sicherheitsvorkehrungen noch Lust auf die Vorstellungen hat", schildert der kaufmännische Direktor der Salzburger Festspiele, Lukas Crepaz. Es gelte den Spagat zwischen Abstand halten und Hochkultur zu finden.

Apropos Abstand: Nach den vielen Lockerungsschritten nehmen es viele nicht mehr so genau. Der von der Regierung so beworbene Babyelefant verwandelt sich oft nur mehr in ein kleines Mäuschen.

Näher zusammen rückt auch die

CORONA VIRUS

Doch noch grünes Licht für die Salzburger Festspiele (re.) Präsidentin Helga Rabl-Stadler kann trotz der Corona-Krise im 100. Jubiläumsjahr ein durchaus anspruchsvolles Kulturprogramm präsentieren.

Kranzniederlegung von Bundeskanzler Sebastian Kurz beim Burgtor zum 75. Jahrestag der österreichischen Unabhängigkeit. Wir sind aus allen Krisen gestärkt hervorgegangen. Schon bald werden wir Freiheit zurückgewinnen", so der Regierungschef in seiner Rede.

WAS UNS BEWEGTE

Maus

große „Krone"-Leserfamilie. Denn die durch das Virus bedingte Ausnahmesituation trifft besonders jene Menschen, die schon bisher hart im Leben zu kämpfen hatten. In einer großen Hilfsaktion unter der Leitung unserer Ombudsfrau Barbara Stöckl gemeinsam mit der Caritas trotzen wir miteinander der Krise. Binnen weniger Wochen kommen sieben Millionen Euro zusammen.

Dadurch können alleine bis Ende Mai mehr als 32.000 Menschen mit Mahlzeiten und Lebensmitteln versorgt werden. Dankeschön an die vielen Unterstützerinnen und Unterstützer!

⬆ Momentaufnahme aus einem Park. Der viel beschworene Babyelefanten-Abstand zum Eigenschutz vor dem Virus wird mehr und mehr zu einem kleinen Mäuschen.

Die große „Krone"-Hilfsaktion unserer Ombudsfrau Barbara Stöckl gemeinsam mit Caritas-Präsident Michael Landau lindert die Not vieler Menschen in der Krise bisher noch nicht gekannten Ausmaßes. Unsere Leserfamilie zeigt „füreinand" Herz und spendet Millionen. ▶

CORONA-KRISE

Sport feiert Comeback

⌃ Die Gastronomie atmet bei der Wiedereröffnung auf. Bald fallen die Beschränkungen wie Maske und Personenanzahl.

⌃ Die Lage auf dem Arbeitsmarkt ist durch die Virus-Krise dramatisch – der traurige Rekord: mehr als 560.000 ohne Job.

⌃ Auch der heimische Fußball feiert mit Geisterspielen ohne Fans (Bild li.) ein Comeback. Red Bull Salzburg holt sich vor Rapid den Meistertitel vor leeren Rängen. Der Linzer LASK erhält für den Bruch der Corona-Regeln einen Punktabzug.

Präsident nachts beim Italiener . . .

Es ist in der Corona-Krise eine der größten „Krone"-Aufregerstorys: Ausgerechnet der Bundespräsident wird als „Sperrstund-Sünder" von der Polizei ertappt. Beim ersten Lokalbesuch nach der Wiederöffnung der Gastronomie kehrt Alexander Van der Bellen mit Ehefrau Doris Schmidauer und einem befreundeten Pärchen bei seinem Lieblingsitaliener im Herzen Wiens ein – und verplaudert sich. Denn unsere Staatsspitze wird fast eineinhalb Stunden nach dem offiziellen Schließen um 23 Uhr von einer Polizeistreife wie ein verliebtes Pärchen im Gastgarten ertappt und kontrolliert. Auf Nachfrage von „Krone"-Ressortchef Christoph Budin gesteht der Bundespräsident „einen Fehler" ein: „Ich bin erstmals seit dem Lockdown mit zwei Freunden und meiner Frau essen gegangen. Wir haben uns dann verplaudert und leider die Zeit übersehen. Das tut mir aufrichtig leid. Es war ein Fehler", bedauert der Bundespräsident. „Sollte dem Wirt daraus ein Schaden erwachsen, werde ich dafür geradestehen." Auch internationale Medien wie das deutsche Massenblatt „Bild" berichten von dem Wirbel über die weit überzogene Sperrstunde.

NACHTS BEIM NOBEL-ITALIENER

Ösi-Präsident missachtet Corona-Sperrstunde

... dann kam die Polizei vorbei

WAS UNS BEWEGTE

vor Geister-Kulissen

- Krise führt zu traurigem historischen Rekord bei Arbeitslosigkeit
- Fußball und Formel 1 nach der Corona-Pause nur ohne Fans
- EURO und Olympische Sommerspielein Japan auf 2021 verschoben

⌃ Spielberg ist die landschaftlich schöne Kulisse für das erste Formel 1-Rennen nach der Corona-Pause. Die Teams und die Fahrer so wie Ferrari-Star Charles Leclerc und Mercedes-Dominator Lewis Hamilton halten sich vorbildlich an das Sicherheitskonzept.

Die neue Normalität in Sachen Corona hat auch den Sport erreicht. Die EURO und die Olympischen Sommerspiele in Japans Millionenmetropole Tokio werden auf nächstes Jahr verschoben. Indes feiern Fußball und Motorsport nach der Virus-Pause vor Geister-Kulissen ein Comeback.

Die ganze Welt blickt beim Auftakt der Königsklasse Formel 1 auf den heimischen Red-Bull-Ring in der Steiermark. Und Spielberg feiert eine musterhafte Premiere. Denn die Fahrer und Team-Mitarbeiter werden – wie die heimischen Kicker bzw. der Trainerstab – ständig getestet, haben sonst keinen Kontakt nach außen.

Historisch ist leider auch das Heer der heimischen Arbeitslosen durch die Krise. Am Höchststand Ende März, Anfang April, haben mehr als 560.000 Menschen in Österreich keinen Job. Auch bedingt durch die Schließungen im Tourismus und der Gastronomie. Zudem sind 1,3 Millionen Menschen in Kurzarbeit.

Das Virus macht auch den heurigen Zentralmatura-Jahrgang zu einem besonderen. Die schriftliche Reifeprüfung findet mit Abstand teils in Turnsälen statt. Zudem fließt auch die Jahresnote in die Beurteilung ein.

⌃ Strenge Hygieneregeln wie Hände desinfizieren und Maske sowie viel Abstand wie hier in einem Schul-Turnsaal in Oberösterreich. Die Zentralmatura 2020 ist ein besonderer Jahrgang.

CORONA-KRISE

Brief an die Leser

KLAUS HERRMANN

Lockerungsübung

Es hat ohnehin niemand angenommen, dass die beiden Kanzler Angela Merkel und Sebastian Kurz einander sehr ähnlich sind. Selber parteipolitischer Hintergrund – aber im Arbeits- und Kommunikationsstil unterscheiden sich beide fundamental.

Ganz besonders augenscheinlich wird das dieser Tage in der weltweiten Corona-Krise. Deutschland und Österreich eint hier, mit raschen und strengen Maßnahmen den Corona-Brand in beiden Ländern bisher unter Kontrolle halten zu können. Doch was Lockerungen dieser Maßnahmen betrifft, da preschte Kurz in Wien noch weiter vor.

Während Angela Merkel in der Hauptstadt Berlin noch die „Öffnungsdiskussionsorgien" kritisierte, weil diese das Risiko eines Rückfalls stark erhöhen würden. Sie mache sich größte Sorgen, dass sich die gute Entwicklung in Deutschland wieder umkehren könnte, wenn sich zu wenige Menschen an die Kontaktbeschränkungen halten würden. Die Diskussion über Lockerungen sei nicht hilfreich.

Dagegen geht es hierzulande Schlag auf Schlag: Praktisch jeden Tag weitere Lockerungsübungen, Pardon, -ankündigungen.

„Österreich war uns immer einen Schritt voraus", hatte Angela Merkel Anfang April, angesprochen auf erste Lockerungen bei uns, gesagt. Jetzt lässt sie Kurz wieder vorangehen – und beobachtet wohl aus sicherer Entfernung, was in unserem Land passiert.

Hoffen wir, dass Österreich auch damit wieder ein positives Vorbild ist – und nicht ein abschreckendes Beispiel, indem sich bei uns eine zweite Corona-Welle ausbreitet ...

Masken-Selfie am Wörthersee. Kärntner Tourismus-Hochburgen wollen kein zweites Ischgl.

Neue Freiheiten – doch Masken kehren zurück

> Rückkehr zur Pflicht für Mund-Nasen-Schutz in den Supermärkten, Banken und Postämtern
> Nach 39 Tagen wieder Schluss mit „oben ohne"

Nicht mehr nur zu viert beim Wirt, wieder offene Grenzen und endlich „oben ohne" im Gesicht. Die Freude der Österreicher über die wiedergewonnenen Freiheiten nach den Lockerungsschritten ist groß. Auch die Gastronomie und der Tourismus bzw. deren Mitarbeiter atmen sprichwörtlich auf.

Die Regierung setzt nach einer Politik der drastischen Vergleiche nun vermehrt auf mehr Eigenverantwortung statt Einschränkungen. Doch damit – wie von Virologen und Medizinern vorhergesagt – steigen die Virus-Zahlen im Land erneut an. Nach Erkrankungen im niedrigen zweistelligen Bereich klettern die Infektionen aufgrund von Virus-Brennpunkten in Kirchen, Schlachthöfen, prekären Arbeitsverhältnissen, und durch Reise-Rückkehrer aus dem Westbalkan im Sommer durchwegs auf mehr als 100 Fälle pro Tag an.

Die Folgen sind anfänglich ein Masken-Fleckerlteppich an Regeln in den einzelnen Bundesländern. Daraufhin zieht die türkis-grüne Koalition die Notbremse. Nach 39 Tagen „oben ohne" feiert der Gesichtsschutz Ende Juli ein Comeback in Supermärkten, Banken und Postfilialen im ganzen Land. Auch Einreisen aus Risikogebieten sind nur noch mit einem negativen Test möglich.

Die neuen Freiheiten führen wie hier an der Promenade des Wiener Donaukanals zu Menschentrauben.

WAS UNS BEWEGTE | Kronen Zeitung

Maskierte Gruppe vor dem Casino in Velden. Im südlichsten Bundesland kehrt am Abend der Gesichtsschutz zuerst zurück.

Tourismusministerin Elisabeth Köstinger macht sich in einem Kaffeehaus selbst ein Bild.

⌃ In Supermärkten kehrt die Maske zurück. Auch der Prater öffnet wieder seine Pforten – das freut Wiens Bürgermeister Michael Ludwig. ⌵

CORONA-KRISE

Wuhan: Ausbruch der

- Arzt rüttelt als Whistleblower China wach
- Im Februar die ersten beiden Toten in Italien
- Bis Ende Juni weltweit 475.000 Todesopfer

Am 31. Dezember 2019 bestätigen chinesische Behörden erstmals zerknirscht den Ausbruch einer bis dato unbekannter „Lungenentzündung" mit noch unbekannter Ursache in der 11-Millionen-Stadt Wuhan. Denn einen Tag zuvor hatte der Arzt Li Wenliang angesichts der Krankheitsfälle in seinem Spital von einem gefährlichen Virus gewarnt. Via Internet verbreitet sich die Meldung in Windeseile. Sofort werden Whistleblower Li und Kollegen von der Polizei vorgeladen. Man wirft ihnen vor „unwahre Behauptungen gemacht und die gesellschaftliche Ordnung ernsthaft gestört zu haben". Stur versucht man, die sich immer schneller ausbreitende Epidemie zu verheimlichen, doch der Virus ist stärker und schneller.

Am 13. Jänner wird in Thailand bei einem Test die erste Infektion außerhalb Chinas attestiert und zwei Wochen später gibt es den ersten Fall in den USA. Bis 26. Jänner werden in China 2744 Infizierte registriert und 80 Todesopfer sind zu beklagen. Am 7. Februar verstirbt Dr. Li Wenliang, den die Behörden mundtot machen wollten, in einem Spital in Wuhan.

Da sich die nun von der Weltgesundheitsorganisation als COVID-19 bezeich-

◉ Arbeiter wandeln in Wuhan ein Kongresszentrum binnen weniger Tage in ein Spital um. Betten werden in einem riesigen Krankensaal aneinandergereiht und die medizinische Infrastruktur in einem angrenzenden Containerdorf untergebracht. Auch das Militär errichtet in den Krisenregionen im Blitztempo nötige Notspitalsplätze. ◉

◉ Ein medizinischer Desinfektionstrupp empfängt auf dem Flughafen von Jakarta indonesische Staatsbürger, die per Flugzeug aus der chinesischen Provinz Huvei heimgereist waren. Danach werden die Passagiere auf eine auf einer Insel gelegenen Militärbasis gebracht und in eine Quarantänestation verlegt, um zu klären, ob sie Corona-infiziert sind.

Wuhan-Chronistin verfasst Tagebuch

Offiziell darf es die Autorin Fang Fang in China gar nicht geben. Denn als Quarantäne-Opfer hat die 86 Tage in den eigenen vier Wänden Gefangene ein Blog-Tagebuch über den Lockdown in Wuhan verfasst. Da sie aber auch über Behördenversagen berichtet, werden ihre Blog-Einträge gelöscht. Das Buch erscheint dafür im Westen.

WAS UNS BEWEGTE — Kronen Zeitung

Krise

nete Krankheit rund um den Globus verbreitet hat, wird die Epidemie am 11. März zur weltweiten Pandemie erklärt: Ende Juni werden bereits 475.000 Tote gezählt.

China stampft Dutzende Spitäler aus dem Boden, setzt Millionenstädte unter Quarantäne und versucht mit strengsten Vorschriften und drakonischen Strafen eine zweite Welle zu verhindern. Vorerst klappt es.

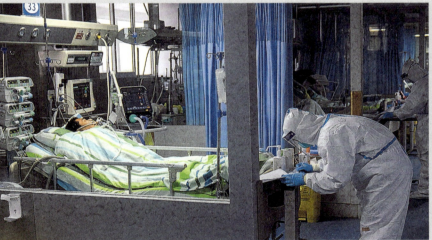

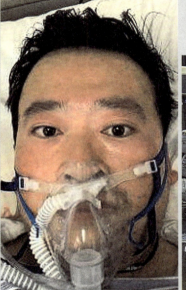

⊙ Mehr als einen Monat liegt der unter Quarantäne gestellte Luxusliner „Diamond Princess" im japanischen Hafen von Yokohama mit 3700 Menschen an Bord vor Anker: Ein Corona-Patient hatte 712 Passagiere infiziert, sieben Gäste sterben. Eine Nervenanspannung für die in ihren Kabinen Gefangenen. Pro Tag dürfen sie nur für eine Stunde ins Freie hinaus.

⊙ Dr. Li Wenliang will als Whistleblower die Welt vor der Gefahr des Todesvirus warnen. Doch chinesische Behörden versuchen, ihn und seine Mitkämpfer mundtot zu machen. Dennoch gelingt es dem Arzt, via Internet auf die drohende Pandemie hinzuweisen. Der Mediziner bezahlt seinen Einsatz mit dem Leben: Fünf Wochen nach seiner Entdeckung stirbt er im Spital.

10% der Fälle sind Ärzte und Pfleger

Nachdem sich die Pandemie nach gut einem halben Jahr weltweit verbreitet hat, gibt der Chef der Weltgesundheitsorganisation (WHO) Tedros Ghebreyesus bekannt, daß man rund 13,8 Millionen Coronavirus-Infektionen erfaßt hat. Von den Erkrankten sind mehr als 1,3 Millionen, also zehn Prozent, Ärzte sowie Pflegekräfte.

Angst vor neuer Welle in Peking

Um Millionenstädte vor der Corona-Gefahr zu schützen, werden in China ganze Städte von der Außenwelt abgeschnitten. Doch Mitte Juni macht sich nach wochenlanger COVID-Ruhe in Peking Angst breit: Auf einem Gemüsemarkt wurden 21 infizierte Chinesen angetroffen. Die Hauptstadt wird teilweise abgeriegelt.

⊙ Ein Freiwilliger versucht in der 8-Millionen-Stadt Ganzhou in der Provinz Jiangxi eine Wohnhausanlage mit einem tragbaren Desinfektionsgerät von möglichen Viren zu befreien. In ganz China sind Millionen besorgter Experten und Helfer unterwegs, um sich darum zu kümmern, dass sich die lebensbedrohliche COVID-19-Erkrankung nicht im Land ausbreitet.

Kronen Zeitung — CORONA-KRISE

In Italien

- Land ist sehr früh und sehr stark betroffen
- Meiste Todesfälle in der Provinz Lombardei
- Anfang März gesamte Halbinsel Sperrzone

△ Venedig ist fast menschenleer. In einer bewegenden „Krone"-Reportage schildert Redakteur Klaus Loibnegger, dass die Gondeln in der Lagunenstadt Trauer tragen.

Auch der weltweit bekannte Karneval von Venedig muss vorzeitig abgebrochen werden. Die schmucken Barockmasken weichen den Corona-Schutzmasken. ▷

Zu Beginn der Corona-Krise in Europa zählt Italien zu der Region mit den meisten Pandemie-Toten. So werden am 22. Februar auch die ersten beiden durch die Pandemie ausgelösten Todesfälle gemeldet: Bei Padua stirbt ein 78-Jähriger und nahe Cremona eine 77-jährige Italie-

△ Mit Abstand und Plexiglasschildern versucht man an der Adria die Strände Corona-sicher zu machen.

◁ In der Lombardei wird das Militär eingesetzt, um beim Abtransport von Corona-Toten in Krematorien mitzuhelfen.

Mit vereinten Kräften Kampf gegen die Krise

Italiener lernen Disziplin

Nachdem unser Nachbarland als erster Staat Europas und extrem stark von der Corona-Pandemie getroffen wurde, setzen die Italiener alles daran, um die Krise unter Kontrolle zu bringen. Der Schock und die Bilder von den Abertausenden Toten habe die Azzurri gleichsam aufgeweckt. Dank sehr harter und sehr lange andauernden Einschränkungen gelingt es, die Infektionszahlen wieder zu senken.

Viele Corona-Fälle nicht rechtzeitig erkannt:

Hohe Sterblichkeit ein Rätsel

Wissenschafter versuchen herauszufinden, weshalb die Corona-Pandemie vor allem in Norditalien so viele Menschenleben gekostet hat. Es gibt zwar keine eindeutige Erklärung, doch dürften die hohe Zahl nicht erkannter Covid-Fälle, das überlastete Gesundheitssystem und hohe Antibiotikaresistenzen dazu geführt haben. Möglicherweise spielte auch die extreme Luftverschmutzung in der Po-Ebene eine Rolle.

mehr Tote als in China

nerin. Mit mehr als 16.000 Toten zählt die Lombardei zu den am schlimmsten betroffenen Gebieten Europas.

Da sich in den Aufbahrungshallen die Leichen türmen wird das Militär eingesetzt, um die Verstorbenen mit Heereslastern in Krematorien zu transportieren. In Mailand wiederum kommandiert man Soldaten und Polizisten dazu ab, Menschenansammlungen auf beliebten Plätzen aufzulösen und Uneinsichtige zu strafen.

Es mangelt an Masken, Ärzten, Medikamenten und den nötigen Spitalsbetten. Am 10. März wird deshalb die gesamte Halbinsel zur Sperrzone erklärt. Auch wenn es später wieder Lockerungen gibt, ist der Fremdenverkehr als eine der Haupteinnahmequellen zum Stillstand gekommen. So ist etwa die ansonsten von Touristen überflutete Lagunenstadt Venedig über Monate so gut wie menschenleer. Auch die Wirtschaft in Norditalien kommt in der Krise nahezu zum Erliegen.

Mit Liedern von ihren Balkonen versuchen die Menschen gegen die Angst anzukämpfen. Papst Franziskus tritt vor den menschenleeren Petersplatz und spendet der Welt in einem einmaligen Ereignis der Kirchengeschichte den Segen „Urbi et Orbi".

Erst Dank internationaler Hilfe – auch aus Österreich – gelingt es, die prekäre Ausnahmesituation nach fünf Monaten wieder halbwegs in den Griff zu bekommen.

⊙ Papst Franziskus blickt auf den menschenleeren Petersplatz. Er entschließt sich zu einem noch nie dagewesenen Ereignis in der Kirchengeschichte: der Welt den apostolischen Segen „Urbi et Orbi" zu spenden.

⊙ Vor dem Mailänder Dom patrouillieren Soldaten. Gemeinsam mit Carabinieri achten die Militärs darauf, dass es in der norditalienischen Metropole auf beliebten Plätzen nicht zu Menschenansammlungen kommt.

⊙ Um gegen die Angst vor der Todesseuche anzukämpfen, treten Millionen Italiener auf ihre Balkone. Sie stimmen Lieder an und musizieren gegen Einsamkeit und Langeweile in der Isolation. Beim „Flashmob Sonoro" ist das ganze Land dabei. Die positive Musikwelle schwappt auch auf Österreich über.

CORONA-KRISE

Trump versagt:

- Sturer Präsident redet die Pandemie klein
- Amerika reagiert viel zu spät auf den Virus
- Weltweit meiste Corona-Tote in den USA

Obwohl ihn seine eigenen Geheimdienstleute bereits Ende November 2019 informiert hatten, dass im chinesischen Wuhan eine bedrohliche Ansteckungswelle grassiert, nimmt Donald Trump die Warnung nicht ernst. Der US-Präsident wischt die Meldungen vom Tisch und bleibt untätig.

Er spielt die Gefahr einer Pandemie herunter. Restriktive Eindämmungsmaßnahmen wie in vielen anderen Ländern lehnt er ab. Zudem fehlt es in den Vereinigten Staaten an Tests, um die Ausbreitung des Corona-Virus überprüfen zu könnten.

Nachdem am 21. Jänner die erste Infektion mit der Covid-Krankheit gemeldet worden ist, wird Anfang Mai auch der erste Corona-Fall im Weißen Haus diagnostiziert. Während in Europa die Zahl der Neuerkrankungen bis Juni abgenommen

Trotz Vorwarnung durch den Geheimdienst reagiert US-Präsident Trump nicht auf die Meldung. Er verharrt in einer Art Proteststarre wie die steinerne Freiheitsstatue, die aber mit Maske ...

Glückwünsche für Highschool-Absolventen am Schulzaun. Die Feier findet Corona-bedingt im Freien statt.

US-Chaos!

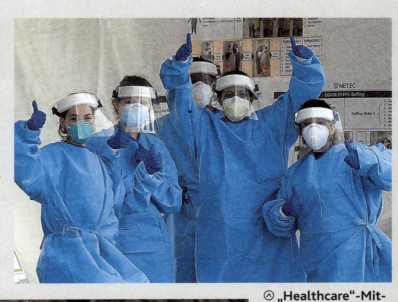

hat, explodieren die Corona-Zahlen in den USA. Bis Ende Mai werden täglich 25.000 Neuinfizierungen und 1580 Tote registriert – bis Ende Juni ergibt das die Horrorzahl von 2,6 Millionen Infizierten und 128.557 an Corona verstorbenen US-Bürgern. Wenngleich die USA ein einmonatiges Einreiseverbot für Europäer verhängen und am 13. März den nationalen Notstand ausgerufen haben, kommen die Maßnahmen viel zu spät.

In der Folge bricht die US-Wirtschaft im ersten Quartal um 4,8 Prozent ein. Die Arbeitslosenrate steigt von März auf April von 4,4 auf 14,7 Prozent, den höchsten Wert seit 1945, an.

In absoluten Zahlen: 26,5 Millionen arbeitslose Amerikaner. Dessen ungeachtet ignoriert Trump die Pandemie weiterhin. Vorerst.

⊙ „Healthcare"-Mitarbeiter zeigen sich optimistisch bei einem Fototermin mit Daumen nach oben. Sie arbeiten in Miami in einem modernen „Drive in"-Testzentrum.

⊙ In Ohio wiederum fordert ein Covid-Gegner vor dem Parlamentsgebäude: „Befreit unsere US-Wirtschaft aus dem Gefängnis der Corona-Maßnahmen."

⊙ Verärgerte Covid-Verweigerer, die die Gefahr einer Pandemie nicht sehen wollen, protestieren im kalifornischen San Diego Ende April gegen den von der Regierung verhängten Corona-Shutdown und schreien lauthals „Covid ist eine Lüge!"

Covid spaltet die Staaten
Reiche Amerikaner flüchten aufs Land

Im Zuge der Pandemie setzt in den USA eine Reisebewegung ein. Reiche, die es sich leisten können, ziehen zu ihren Zweitwohnsitzen in den Bergen, etwa nach Jackson Hole oder Teton Range. Auffällig: Die Pandemie trifft sozial benachteiligte Afroamerikaner weit mehr. Zudem leidet etwa ein Drittel der amerikanischen Gesamtbevölkerung an Depressionen.

Künstler kritisiert Trump
Die Todesuhr am Time Square tickt

Mit einer „Trump-Todesuhr", die am New Yorker Times Square fortan die Zahl der Corona-Toten in den USA aufzeigt, kritisiert Filmemacher Eugene Jarecki die Gesundheitspolitik des US-Präsidenten. Die Installation der Lichttafel auf dem weltberühmten Platz soll die Verantwortungslosigkeit und die Fehler Trumps in der Krise entblößen.

⊙ Ein Bild aus den Glanztagen erinnert an Siegfried & Roy und ihre weltberühmten weißen Tiger. Siegfried Fischbacher nimmt unter Tränen von seinem Partner und Lebensmenschen Roy Horn (re.) Abschied. Der 75-jährige Meister-Dompteur ist im Mai als eines der prominentesten Opfer am Corona-Virus verstorben. Siegfried Fischbacher: „Roy ist jetzt drüben angekommen und bereitet dort alles für mich vor. Das hat er mir so versprochen."

Kronen Zeitung | CORONA-KRISE

Dramen rund um die

- Brasiliens Präsident Bolsonaro: „Kleine Grippe"
- Er negiert Pandemie bis er selbst infiziert wird
- Brasilien: erschütternde Erkrankungszahlen!

Jair Bolsonaro kümmert es nicht, dass er zur Gefahr für andere werden könnte. Unbesorgt schlägt er alle Corona-Verhaltensregeln in den Wind und umgibt sich auf öffentlichen Plätzen gerne mit Hunderten seiner Anhängern. Er schüttelt Hände, nimmt sich Zeit für Selfies und legt ein Veto gegen eine vom Kongress beschlossene, landesweite Maskenpflicht ein. Selbstverständlich feiert Bolsonaro mit US-Präsident Donald Trump in dessen Golf-Ressort bei einer Partie mit. Schließlich sieht der Brasilianer die Krise ebenso wie Trump, nämlich als einen persönlichen Angriff.

Und so verbreitet der 64-Jährige Südamerikaner auch die Verschwörungstheorie, dass irgendjemand, der ein bestimmtes wirtschaftliches Interesse hat, hinter der „absurden Angstmache" stehe. Doch die Zahlen sprechen eine andere Sprache: Ende Juni liegt Brasilien mit 1,3 Millionen Infizierten und 57.774 Corona-Toten weltweit an der zweiten Stelle in der traurigen Statistikliste.

Trotzdem erhält Bolsonaro auch noch Unterstützung vom Anführer einer der größten evangelikalen Kirchen Brasiliens. Bischof Edir Macedo hält das Virus für harmlos und nennt es „ein Werk der Medien und

Friedhofsarbeiter kommen in São Paulo mit dem Ausheben von Gräbern kaum nach. Brasiliens uneinsichtiger Präsident Bolsonaro (re.) erkrankt selbst am Virus.

Nach Grenzöffnungen in Tunesien:
Infektionen verzehnfacht!

Zu Beginn der Pandemie war es Tunesien dank rigoroser Maßnahme gelungen, eine Ausbreitung einzudämmen. Doch nach einer teilweisen Öffnung der Grenzen Ende Juni hat sich die Zahl der Corona-Virusinfektionen dort binnen eines Monats verzehnfacht.

Jeder 2. Bewohner mit Virus infiziert
Corona grassiert in Slums

57 Prozent der Bewohner von drei Slums in der indischen Millionenmetropole Mumbai haben Antikörper gegen Covid im Blut. Da sich der Anstieg in Mumbai und Neu Delhi allerdings verlangsamt, hoffen Beobachter, dass es Richtung Herdenimmunität gehen könnte.

Die Polizei geht in einem Armenviertel im chilenischen Santiago gegen Demonstranten mit Wasserwerfern vor. Die Menschen – ein Großteil von ihnen trägt Corona-Masken – fordern staatliche Unterstützung, da die Pandemie zu Engpässen bei der Lebensmittelversorgung geführt hat.

Welt

des Satans". Aber all die verantwortungslosen Verharmlosungen oder skurrilen Verteufelungen helfen nichts.

Die Pandemie weitet sich auch in Südamerika explosionsartig aus. Es kommt, wie es kommen musste: Covid-Leugner Bolsonaro und seine Frau infizieren sich nach Monaten der Sorglosigkeit selbst mit dem Virus. Seine lapidare Erklärung: „Das Leben geht weiter."

CORONA VIRUS

⌃ Auch wenn es in Thailand relativ wenige Corona-Fälle gibt, schützen sich traditionelle Tänzerinnen vor dem Erawan Schrein vorbildlich mit Plexiglas-Gesichtsschilden.

Bei einer Essensausgabe im nepalesischen Kathmandu wird ein Mädchen mit Desinfektionsmitteln besprüht. Nur wer so behandelt wird, bekommt auch ein Gratis-Mittagsmahl. ⌄

⌃ Mit einem aus Helikoptern der Luftwaffe abgeworfenen Blumenregen über dem Asvini Spital in Mumbai bedanken sich die indischen Streitkräfte im Mai symbolisch bei allen Helfern, die beim Kampf gegen die Corona-Pandemie im Einsatz stehen. Der Dank gilt sowohl allen Angestellten des Spitals, von den Ärzten bis zu den Krankenschwestern, als auch den Polizisten an vorderster Front.

CORONA-KRISE

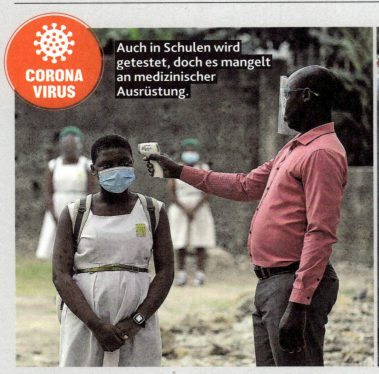

Auch in Schulen wird getestet, doch es mangelt an medizinischer Ausrüstung.

Corona vergrößert die

- Schutzmaßnahmen stoppen die Versorgung
- Covid-Horrorszenario blieb bisher aber aus
- Risikogruppe klein: Viele Junge, wenige Alte

Als tickende Zeitbombe wurden die ersten Infizierungen in Afrika bezeichnet. Forscher sprachen davon, dass Millionen Tote zu erwarten seien. Doch nach rund einem halben Jahr zeigen Beobachtungen, dass der Schwarze Kontinent zumindest epidemiologisch nicht so hart getroffen wurde, wie befürchtet.

Wie Analysen zeigen, könnte die demografische Struktur des Kontinents mit knapp 1,3 Milliarden Menschen dafür verantwortlich sein, dass die Todesraten nicht so schnell und wie prophezeit nach oben geschnellt sind. Denn einerseits sind mehr als 60 Prozent der Afrikaner jünger als 25 Jahre und gehören deshalb nicht zur Risikogruppe. Zudem leben in den 55 Ländern wenig alte Menschen. Nur drei Prozent der afrikanischen Bevölkerung sind mehr als 65 Jahre alt und stellen somit eine relativ kleine Altersrisikogruppe dar.

Caritas hilft mit virtuellem Besuch

Da wegen der Covid-19-Krise keine Pressereise möglich ist, macht die Caritas im Rahmen eines virtuellen Besuchs vor Ort im Senegal und in Kenia auf die dringendsten Probleme aufmerksam. „Hunger ist kein Naturereignis, sondern ein Skandal", so Caritas-Präsident Michael Landau. Projektmitarbeiter (Bild li.) berichten per Internet vom dramatischen Anstieg von Armut und Hunger durch die Einschränkungen, die die Corona-Maßnahmen mit sich bringen. „Uns ist es gerade auch in dieser Krise wichtig, dass die aktuelle Hungersnot nicht in Vergessenheit gerät. Wir haben aus der Not eine Tugend gemacht, und zigtausende Kilometer Luftlinie mittels Videokonferenzen überwunden", so Wiens Caritas-Generalsekretär Klaus Schwertner.

Vor einem durch die Krise völlig überlasteten Taxistand in Soweto gestrandete Pendler.

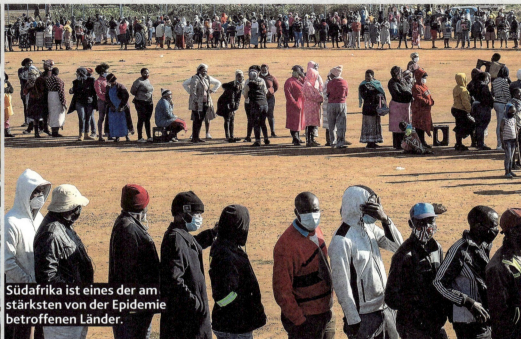
Südafrika ist eines der am stärksten von der Epidemie betroffenen Länder.

Hungersnot in Afrika!

Auch die Lebensbedingungen in Afrika dürften eine Rolle bei der relativ langsamen Verbreitung des Virus darstellen: Schließlich verbringt ein großer Teil der Leute die meiste Zeit im Freien, wo das Virus nicht so leicht übertragen wird. Zudem ist die Vernetzung noch nicht so stark wie etwa in Amerika und die Afrikaner sind auch nicht so mobil wie die Europäer.

Allerdings trifft die Wucht der Corona-Krise die Afrikaner dennoch: Durch Sicherheitsmaßnahmen wie Grenzschließungen kommt es nämlich zu enormen Engpässen bei der Versorgung der Menschen mit Lebensmitteln. Vor allem die Millionen Vertriebenen, die in Dutzenden Flüchtlingslagern darben, sind dadurch von der Außenwelt so gut wie abgeschnitten. Erhoffte Hilfstransporte können in der Folge ihr Ziel nicht ansteuern.

Auch nach mehreren Monaten verzeichnet Afrika bislang „nur" knapp 1,5 Millionen Covid-Fälle und mit 36.200 Todesfällen eine relativ niedrige Sterberate.

Allerdings lässt das überaus schwache Gesundheitssystem Afrikas – auf einen Arzt kommen oft zigtausende Patienten – befürchten, dass plötzlich auch die geringe Zahl an Corona-Infektionen nicht mehr bewältigt werden kann.

Sterberisiko geringer?
Kein Gen der Neandertaler

Wie Wissenschafter im Fachmagazin „Nature" veröffentlichen, könnte auch der genetische Unterschied ein möglicher Faktor für das Sterberisiko durch eine Corona-Infektion darstellen. Demnach ergibt sich bei Menschen, die ein uraltes Neandertaler-Gen in ihrem Erbgut haben, ein weit höheres Risiko, bei einer derartigen Ansteckung künstlich beatmet werden zu müssen. Wobei diese Neandertaler-Genvariante in Afrika so gut wie gar nicht vorkommt.

Beängstigende Tendenz
Das Virus fördert viele Diktaturen

Auch auf politischer Ebene könnte die Corona-Pandemie in Afrika zur Stärkung und Entwicklung von mehr Diktaturen führen. Wie eine Analyse der Konrad-Adenauer-Stiftung belegt, gibt es in mehreren afrikanischen Staaten wie Uganda, Mali, der Elfenbeinküste oder Tansania bereits wachsende Tendenzen zu einer „autoritären Machtanhäufung": Parlamente werden ausgeschaltet, Medien zensuriert und Wahlen verschoben.

CORONA-KRISE

CORONA-VIRUS
Stand: 30. 06. 2020

17.723
+69
Bestätigte Fälle

16.420
+19
Genesene

606.375
+3855
Durchgeführte Testungen

703
+1
Todesfälle

Aktuelle Zahlen laut Einsatzstab im Innenministerium jeweils im Vergleich zum Vortag.

GLOBALE CORONA-ZAHLEN
Zuwachs gegenüber Vortag

	Infizierte (seit Ausbruch)	Todesfälle
USA (327,2 Mio. Einwohner)	2.652.320 +34.473	128.557 +314
BRASILIEN (209,5 Mio.)	1.352.708 +33.434	57.774 +625
RUSSLAND (144,5 Mio.)	641.156 +6719	9166 +93
GROSSBRITANNIEN (66,4 Mio.)	311.965 +814	43.575 +25
SPANIEN (46,7 Mio.)	296.050 +501	28.346 +5
ITALIEN (60,5 Mio.)	240.436 +126	34.744 +6
TÜRKEI (83,2 Mio.)	197.239 +1356	5097 +15
DEUTSCHLAND (82,8 Mio.)	195.114 +343	9031 +5
FRANKREICH (67 Mio.)	162.936 k. A.	29.778 k. A.
SCHWEDEN (10,2 Mio.)	65.137 k. A.	5280 k. A.
UNGARN (9,8 Mio.)	4145 +3	585 +4
GRIECHENLAND (10,7 Mio.)	3390 +14	191 +0
KROATIEN (4,1 Mio.)	2725 +34	107 +0
SLOWENIEN (2,1 Mio.)	1585 +4	111 +0

Teilnehmer einer Prominenten-Rallye bleiben vor dem Trump International Hotel in Washington stehen. Sie laden symbolisch etliche Leichensäcke ab, um so auf die Verantwortung der US-Regierung in der Krise zu erinnern.

Skurrile Bilder einer Pandemie

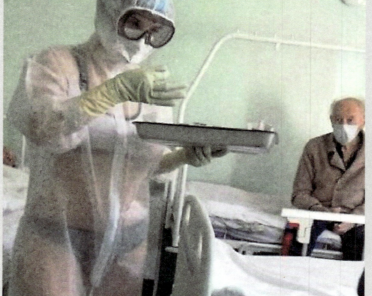

⌂ Mit einem transparenten Schutzanzug sorgt eine Krankenschwester im russischen Spital von Tula für Wirbel. Weil ihr zu warm ist, trägt sie darunter nur einen Bikini. Es entwickelt sich eine Sittlichkeitsdiskussion, das Bild geht um die Welt.

Da sich die Corona-Epidemie explosionsartig ausbreitet und absolut vor keinen Grenzen Stopp macht, kommt es oft zu den absurdesten Maßnahmen oder Protesten von verunsicherten, verängstigten oder verärgerten Bürgern. Manche Bilder rund um die Pandemie sind skurrile Zeitdokumente.

WAS UNS BEWEGTE | Kronen Zeitung

▲ In Italien musizieren und lärmen in ihren Wohnungen Eingeschlossene mit Kochdeckeln auf Balkonen – auf dem Foto in Neapel –, um sich Mut gegen das Corona-Virus zu machen.

▲ Die Corona-Krise trifft nicht nur die Wirtschaft, sondern auch das älteste Gewerbe der Welt hart. Denn Prostituierte und Sex-Arbeiterinnen dürfen per Gesetz nicht mehr anschaffen gehen, Bordelle bleiben geschlossen. Allerdings machen dennoch viele Freudenmädchen illegal in Privatwohnungen weiter.

▲ Corona-Irrsinn rund um private Schutzkleidung auch in Italien. Aus Angst vor einer Ansteckung mit dem Coronavirus taucht etwa ein Kunde mit Gasmaske in einem Geschäft auf.

CORONA VIRUS

▲ Seit das Virus auch Länder des Mittleren Ostens erreicht hat, tragen in Kuwait City Frauen ebenso Schutzmasken, wie das Foto vom Mubarakiya Markt zeigt.

Königin Elizabeth II. schlägt Hauptmann Tom Moore auf Schloss Windsor – mit Sicherheitsabstand – als Dank für seine Corona-Spendenaktion (35 Mio €!) zum Ritter. ▷

▲ In Schweden eröffnet ein Paar ein Pop-up-Restaurant, das als „COVID-19-sicher" angepriesen wird. Der Tisch für einen Gast steht auf einer Wiese und der Korb mit Speisen wird mittels einer kleinen Seilwinde angeliefert.

59

JUNI 2020

TOP-THEMEN IM JUNI

- Ein „Glaubenskrieg" tobt auf den Straßen Wiens
- Protest der Kabarettfrauen gegen das ORF-Programm
- Die Atomindustrie ist weltweit in der Krise
- Blogger betrügt seine Fans um Millionen
- Dopingmittel wird beim Sex übertragen

Das Foto vom historischen Handschlag zwischen Nordkoreas Diktator Kim Jong-un (links) und Südkoreas Präsident Moon Jae-in beim Treffen in der demilitarisierten Zone im April 2018 ist vorerst wieder Geschichte. Nordkorea ließ das erst vor zwei Jahren eingerichtete „Verbindungsbüro" sprengen.

Post von Jeannée

MICHAEL JEANNÉE
michael.jeannee@kronenzeitung.at

Absurde Groteske!

Tagelang tobt im Wiener Urbezirk Favoriten der Mob. Gewaltbereite Randalierer, gefährlicher Pöbel, brutale Streetfighter.

Türken gegen Kurden. Graue Wölfe gegen linke Aktivisten. Anhänger von Präsident Erdoğan gegen Erdoğan-Feinde. Faschisten gegen Kommunisten.

Die Wiener Polizei im Großeinsatz. Denn mit diesen türkisch-kurdischen Straßenkriegern mitten in Favoriten ist nicht zu spaßen. Diese Leute verstehen nur eine Sprache – die der Gewalt.

Und da ist eine Million Steuergeld ganz schnell verbraten . . .

. . . um diese sogenannten Parallelgesellschaften, wie Ex-Vize-Polizeipräsident und heutiger VP-Sicherheitssprecher Karl Mahrer die beiden Gruppierungen nennt, voreinander zu schützen.

Womit wir mitten in der absurden Groteske wären. Denn wenn nicht absurd und grotesk . . .

. . . dass unsere Exekutive ihren Kopf hinhalten muss, um Faschisten und Kommunisten aus der Türkei und Kurdistan für unser Steuergeld davor zu bewahren, einander auf unseren Straßen die Schädel einzuschlagen . . .

. . . was dann?

Hiezu ein passendes PS: Unser Botschafter in Ankara wurde gestern ins türkische Außenministerium bestellt, wo dem perplexen Diplomaten mitgeteilt wurde, die Regierung Erdoğan sei in großer Sorge um türkische Jugendliche in Wien-Favoriten. Im Zusammenhang mit österreichischen Polizeieinsätzen . . .

> Politik kündigt harten Kurs gegen Radikale an > Alter Has

Ein „Glaubenskrieg"

Der Konflikt zwischen Türken aus „Sultan" Erdoğans Umfeld und Kurden spitzt sich weiter zu und sorgt in Wien-Favoriten an vier Tagen in Folge für bürgerkriegsähnliche Zustände. Es gibt Verletzte und Festnahmen. Bei den Konfrontationen marschiert die Wiener Polizei mit Hunderten Beamten auf. Auch die Politik ist alarmiert.

Steine, Flaschen und Eisenstangen als Wurfgeschosse, Böller und Polizeisirenen – Favoriten brennt! Denn eine Demonstration von Kurden und linken Aktivisten auf dem Viktor-Adler-Markt wird von türkischen Nationalisten attackiert: Es folgt eine stundenlange Schlacht mit der Polizei. Später nehmen Randalierer auch das Ernst-Kirchweger-Haus, in dem sich ein kurdischer Verein befindet, ins Visier. Vier Tage lang herrscht im zehn-

> „Wir werden es nicht zulassen, dass Konflikte von der Türkei nach Österreich hineingetragen und auf unseren Straßen gewaltsam ausgetragen werden.
>
> Bundeskanzler Sebastian Kurz

Foto: Dragan TATIC

Großeinsatz der Wiener Polizei in Wien-Favoriten. An vier Tagen hintereinander müssen sich Hunderte Uniformierte gleichsam zwischen die Fronten stellen, um Schlimmstes zu verhindern.

WAS UNS BEWEGTE

...wischen Türken und Kurden neu entflammt ❯ Erdoğan trägt den Kampf zu uns

tobt auf den Straßen Wiens

...ten Bezirk die Gewalt. Bilanz der viertägigen Randale: Elf Festnahmen – auch wegen des verbotenen „Wolfsgrußes" – 57 Anzeigen, 220 Identitätsfeststellungen, sieben verletzte Polizisten (plus ein Diensthund). Die Kosten der Polizeieinsätze übersteigen die Millionengrenze. Innenminister Karl Nehammer und Wiens Bürgermeister Michael Ludwig kritisieren die Angriffe auf „Demokratie und Rechtsstaatlichkeit" aufs Schärfste: „Gewalt hat in dieser Stadt nichts zu suchen!" Schließlich reißt Bundeskanzler Sebastian Kurz der Geduldsfaden. Der türkische Botschafter Ozan Ceyhun wird ins Außenministerium vorgeladen, nachdem er Öl ins Feuer gegossen und die Kurden als „Unterstützer von Terrororganisationen" bezeichnet hatte.

> *Wenn Pflastersteine auf Polizisten fliegen, ist jede rote Linie überschritten. Wir werden mit aller Härte und Konsequenz gegen solche Gruppierungen vorgehen. Ein Konflikt aus dem Ausland darf nicht in Wien ausgetragen werden.*
>
> Wiens Polizeipräsident Gerhard Pürstl

Hunderte Demonstranten marschieren von der Wiener Polizei strengstens bewacht auf.

Auch Wiens Vize-Stadtchefin Birgit Hebein (mit Maske) war bei einer der Demonstrationen auf Lokalaugenschein dabei.

VERA RUSSWURM
TV-Persönlichkeiten

Ein „Ja" vor Millionenpublikum

„Krone"-TV-Lady Vera Russwurm berichtet von einer außergewöhnlichen Hochzeit. Nachdem Schlager-Star Stefan Mross mit seiner Anna beim „Adventfest der 100.000 Lichter" bereits die Verlobung gefeiert hatte, sorgt er in der ARD-Show „Schlager-Lovestory 2020" für einen magischen Moment. Vor einem Millionenpublikum ehelicht Stefan Anna-Carina Woitschack - mit Standesbeamtin, Ringen und Moderator Florian Silbereisen als Trauzeuge. Stefan: „Unser Lied ‚Die Liebe trägt uns himmelhoch' wurde wahr."

JUNI 2020

› Historischer Handschlag ist Geschichte › Nordkorea sprengt Verbindungsbüro

Kim setzt auf Konfrontation

Nachdem sich eine weitere Verschärfung des wieder angespannten Verhältnisses zwischen dem stalinistischen Nord- und dem westlich orientierten Südkorea bereits seit geraumer Zeit angekündigt hatte, setzt Pjöngjang einen weiteren Schritt in Richtung Konfrontation: Nordkorea lässt das Verbindungsbüro sprengen.

„Bei dem neuen radikalen Kurs gegen Südkorea gibt Kim Jong-uns jüngere Schwester Kim Yo-jong den Ton an", bringt „Krone"-Politikexperte Kurt Seinitz den Hintergrund auf den Punkt. Will die kleine Schwester etwa dem großen Bruder das Geschäft aus der Hand nehmen? Wie mörderisch die Machtkämpfe in dem Herrscherhaus sein können, zeigt die Ermordung von Kim Jong-uns Halbbruder am Flughafen von Malaysia. Und der greise Onkel von Kim ist beim Parteikongress öffentlich verhaftet, abgeführt und standrechtlich erschossen worden – das ist das Land mit Raketen und Atomwaffen.

„Tatsächlich hat Pjöngjang erkennen müssen, dass der Kuschelkurs mit US-Präsident Trump und Südkoreas Moon nichts gebracht hat. Die Sanktionen wegen des Atomwaffenprogramms sind nach wie vor aufrecht", weiß auch „Krone"-Politikredakteur Christian Hauenstein genauestens über die Ursachen für den neuen Konfrontationskurs Bescheid, „zusammen mit der Corona-Krise sind die Sanktionen mitverantwortlich für die Hungersnot in dem Land. Und so setzt Pjönjang wieder auf Konfrontation. Denn das hat sich bewährt - und lenkt von den inneren Krisen ab."

Schwester Kim Yo-jong bei einer Vertragsunterzeichnung mit Bruder Kim Jong-un. Sie strebt immer mehr an die Macht.

Zum 25-Jahre-Jubiläum seiner Bio-Marke Natur pur hat Spar-Chef Gerhard Drexel viel Grund zur Freude: mit 471 Millionen Euro Umsatz war man 2019 erstmals die stärkste Bio-

Natur pur: Rekord zum Jubiläum

Marke im österreichischen Lebensmittelhandel. Rund 10.000 heimische Landwirte liefern die Rohstoffe. Das Spar-Natur-pur-Sortiment umfasst 1050 Produkte. Drexel: „Wir werden heuer die historische Umsatzmarke von 500 Millionen Euro überschreiten."

Dopingmittel wird beim Sex übertragen

Diese Geschichte von „Krone"-Sportredakteur Matthias Mödl sorgt für Verwunderung und Schmunzeln. Denn die 32-jährige US-Boxerin Virginia Fuchs – im Bild links – wird mit einer kurios wirkenden Begründung vom Verdacht des Konsums verbotener Substanzen freigesprochen. Die Erklärung: Die bei ihr gefundenen verbotenen Substanzen GW 1516 (unterstützen den Muskelaufbau) und Letrozol (häufig im Bodybuilding eingesetzt) sollen durch Sex mit ihrem Freund in ihren Körper gekommen sein. Günther Gmeiner, Leiter des Anti-Doping-Labors in Seibersdorf, hält das US-Urteil für plausibel.

Abschied vom Verpackungskünstler. Er verhüllte 1995 das deutsche Reichstagsgebäude in Berlin (Bd.o), verkleidete den Pont Neuf in Paris oder machte den Iseo-See in der Lombardei mit schwimmenden Stegen (Bd. u) begehbar: Verpackungskünstler Christo Wladimirow Jamaschew erregte mit seinen Kunstaktionen weltweites Aufsehen. Im Sommer 2020 stirbt er 84-jährig in New York. Der in Bulgarien geborene Christo ging, über viele Jahre hinweg gemeinsam mit seiner Frau Jeanne-Claude, seinen eigenen Weg.

Boote im Donaukanal
Polizei macht Wiener City sicherer

Da der Treppelweg in der Wiener Innenstadt beidseits des Donaukanals seit Beginn der Corona-Krise immer mehr als Ausweichgebiet für eingeschränkte gastronomische Angebote genutzt wird, entwickelt sich das Gebiet zu einem „Hot Spot". „Weil es zu immer mehr Straftaten in diesem Gebiet gekommen ist, haben wir die Streifendichte dort erhöht und auch die Wasserpolizei zur Kontrolle eingesetzt", so Kommunikationschef Manfred Reinthaler. Tatsächlich gelingt es, die Drogenszene etc. mit der neuen Schwerpunktaktion in den Griff zu bekommen.

JUNI 2020

▸ Historische Verkehrsbilanz zu Pfingsten ▸ Wetter & Corona: Weniger Unfälle

So wenige Opfer wie noch nie

Grundsätzlich gilt: Jedes Opfer auf Österreichs Straßen ist natürlich eines zu viel! Dennoch können die heimischen Sicherheitsbehörden nach dem Pfingstwochenende eine positive, und vor allem eine historische Bilanz ziehen: Noch nie gab es über diese drei Tage hinweg „nur" 2 Verkehrstote! Vor 40 Jahren waren noch 45 Tote zu beklagen.

„Sinn und Zweck von polizeilichen Kontrollen ist, die Zahl der Unfälle möglichst niederzuhalten und eine nachhaltige Verhaltensänderung bei Verkehrsteilnehmern zu mehr Rücksicht und Verantwortung im Straßenverkehr zu bewirken", so Innenminister Karl Nehammer.

„Die Arbeit der Exekutive dürfte in den vergangenen Jahren gefruchtet haben. Mit ‚nur' zwei Verkehrstoten am Pfingstwochenende wurde heuer eine historische Tiefstmarke erreicht (siehe Grafik rechts)", bringt Redakteur Klaus Loibnegger die erfreuliche Bilanz auf den Punkt.

Allgemein gab es mit 292 verbuchten Unfällen um 178 weniger als noch im Vorjahr.

Die Grafik, die bis in das Jahr 1979 zurückreicht, dokumentiert auf beeindruckende Weise die erfreuliche Bilanz. ▸

Fast halbiert hat sich zum Vergleich zu 2019 gar die Zahl der Verletzten (327), Ein sehr positives Ergebnis, das allerdings auch ein wenig relativiert werden muss. Der extreme Rückgang der Unfallzahlen ist nämlich bestimmt auch auf das eher unfreundliche Wetter sowie die unterschiedlichen Corona-Maßnahmen zurückzuführen.

Dass etwa 1979 zu Pfingsten noch 45 Menschenleben zu beklagen waren, ist heute schwer vorstellbar. Doch Gurtenpflicht, 0,5-Promille Regelung, Nackenstützen, Airbags und sicherere Autos zeigen ihre Wirkung. Und das, obwohl das Verkehrsaufkommen heute höher ist.

Verkehrstote an Pfingstwochenenden — bisher niedrigster Wert

Krone KREATIV Foto: stock.adobe.com/trendobjects

79	84	07	08	09	10	11	12	13	14	15	16	17	18	19	20
45	44	21	5	9	6	9	6	4	13	9	4	6	8	9	2

Atomenergie in Global-Krise

Gefährlich und mit uralten Reaktoren – wie im slowakischen Mochovce – unfinanzierbar, so beurteilt die Wirtschaft den Zustand der globalen Nuklearenergie. Die aktuelle Analyse stützt sich auf die knallhart kalkulierte US-Investmentbank Lazard, die Atomstrom als nicht wettbewerbsfähig gegenüber erneuerbarer Energie einstuft! Reinhard Uhrig und Patricia Lorenz, Experten von GLOBAL 2000 (Foto), kämpfen für Österreichs Anti-Atomfamilie.

WAS UNS BEWEGTE | Kronen Zeitung

Angelika Niedetzky (li.) und Caroline Athanasiadis machen ihrem Unmut und Unverständnis Luft.

Zum 4. Mal keine Dame bei Sommerkabarett

Kabarettistinnen gegen ORF „Nur Männer im Programm"

Bereits zum vierten Mal ist im ORF-„Sommerkabarett" keine Frau weit und breit zu sehen. Das sorgte für Unmut, weshalb „Krone"-Redakteurin Sasa Schwarzjirg in der Szene nachfragt. Kabarettistin Anita Zieher macht ihrer Wut Luft: „Offenbar ist der ORF seit Jahrzehnten von jeder Information abgeschottet und weiß deshalb gar nicht, dass es auch Frauen gibt, die Kabarett machen." Genauso unverständlich ist die Situation für Simpl-Chef Michael Niavarani, „Kernöl-Amazone" Caroline Athanasiadis und Vollblut-Kabarettistin Angelika Niedetzky.

Nur Männer im Sommer-Kabarett

Blogger betrügt seine Fans! Um seine potenziellen Opfer ködern zu können, präsentiert der Blogger Raymond Abbas auf Instagram seinen luxuriösen Lebensstil (Foto). Mit attraktiven Angeboten lockt der Nigerianer Käufer auf gefälschte Seiten, stiehlt ihre Kreditkarten-Daten. Er wird in den Vereinigten Arabischen Emiraten gefasst. Schaden: 380 Millionen €!

● **Schon vor Beginn** seiner Etablierung 2011 ließ das König-Abdullah-Zentrum am Wiener Schottenring die Wogen hochgehen. Ziel der umstrittenen Einrichtung war es, den interkulturellen und interreligiösen Dialog weltweit zu fördern. Nun wird das Zentrum nach Genf verlegt.

● **Aufatmen** bei den Autobesitzern der Marke Audi in Niederösterreich. Fahnder des Landeskriminalamtes stellen neun osteuropäische Täter, denen 31 Autodiebstahlsdelikte angelastet werden. Landespolizeidirektor Franz Popp lobt die Kriminalisten, „da solche Erfolge unser Sicherheitsgefühl enorm stärken."

● **Markus Braun**, Ex-Chef des vom Bilanzskandal erschütterten Finanzdienstleisters Wirecard, wird in München verhaftet. Erst gegen eine Kaution von fünf Millionen € wird er auf freien Fuß gesetzt. 1,9 Milliarden € sind bei Wirecard verschwunden. Co-Vorstand Jan Marsalek flüchtet über den Flughafen Vöslau (NÖ) ins Ausland.

● **380.590 Unterschriften** können für das Klimavolksbegehren gesammelt werden, „Trotz Corona und technischer Gebrechen im Innenministerium hat die Zivilgesellschaft einen unüberhörbaren Auftrag an die Politik gerichtet, beim Klimaschutz endlich zu handeln", so die Initiatorin Katharina Rogenhofer.

● **Einen Haftbefehl** gegen einen amtierenden US-Präsidenten – das hat es noch nie gegeben! Der Iran hat Donald Trump international ausgeschrieben und sogar Interpol um Unterstützung gebeten. Hintergrund: Die Tötung des wichtigen iranischen Generals, Ghassem Soleimani, durch einen amerikanischen Drohnenangriff in Bagdad.

● **Mit einer** „E-Mobilitätsförderung" will die Regierung mit heimischen Autoimporteuren den Österreichern den Umstieg auf emissionsfreie Fahrzeuge schmackhaft machen: Ab Juli bekommen alle, die sich ein E-Auto kaufen, 5000 € und wer ein E-Motorrad ersteht, erhält 1200 €.

JULI 2020

TOP-THEMEN IM JULI

- Sultan triumphiert: Hagia Sophia ist jetzt eine Moschee
- Österreicher-Krimi um den Finanzdienstleister Wirecard
- Freizeit-Dramen mit Toten in Klamm und Eisriesenwelt
- Auftragsmord an Kritiker von Kadyrow vor Toren Wiens

Aufrüttelnd: Immer öfter treibt der Hunger Eisbären durch den Klimakrise in die Nähe von Menschen, um Nahrung zu suchen.

JULI 2020

Filmmusik-Gigant Ennio Morricone stirbt 91-jährig

Die Welt trauert um Altmeister und Oscar-Preisträger Ennio Morricone („Spiel mir das Lied vom Tod"), der dem Kino einen Klang wie kaum ein anderer verliehen hat. Er stirbt 91-jährig in Rom. „Den Ruf Hollywoods hat er trotz zahlreicher Lockangebote nie erhört", schreibt „Krone"-Musikexpertin Franziska Trost in ihrem Nachruf. Seine Todesanzeige hat er übrigens selbst verfasst – mit einer Liebeserklärung an seine Maria, mit der er seit 1956 verheiratet war: „Ihr gilt mein schmerzhaftester Abschied."

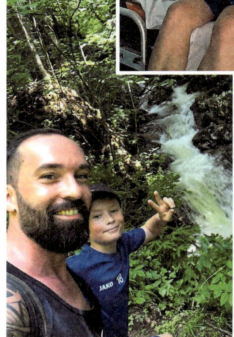

Der tapfere Neunjährige nach dem Felssturz mit Kopfverband (re.) – und mit seinem Vater Andreas Pichler kurz vor dem Unglück bei einem Handy-Selfie in der Klamm.

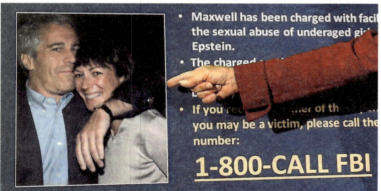

⊙ Per Fahndungsplakate wird Epsteins „beste Freundin" Ghislaine Maxwell von der US-Bundespolizei gesucht. In diesem abgelegenen Anwesen (li.) klicken die Handschellen.

Verdächtige im Kindesmissbrauchs-Ring:

Epstein-Vertraute von FBI in Versteck gefasst

Fast ein Jahr nach dem Tod von Millionär Jeffrey Epstein in amerikanischer Haft kann das FBI seine einstige Vertraute in einem abgelegenen Anwesen aufspüren und verhaften. Ghislaine Maxwell wird in dem Skandal um einen Kindesmissbrauchsring angeklagt.

Jeffrey Epstein bezeichnete Maxwell immer als „meine beste Freundin". Tatsächlich soll die Tochter aus reichem Hause tief in die kriminellen Machenschaften um missbrauchte Mädchen (auch Prinz Andrew gilt als wichtiger Zeuge) verwickelt gewesen sein. In der Anklageschrift des Bundesanwalts für Manhattan werden der 58-Jährigen Straftaten in sechs Punkten vorgeworfen, bei denen es sich hauptsächlich um Sexualdelikte handelt.

Die Vorwürfe gegen Ghislaine Maxwell beziehen sich auf die Jahre 1994 bis 1997. Eine Millionenkaution wird vom Richter abgelehnt, die Verdächtige muss daher bis zum Beginn ihres Prozesses im Sommer nächstens Jahres in Haft bleiben.

WAS UNS BEWEGTE

> Felsstürze bei Eisriesenwelt und Klamm > Klimawandel lässt Berge zerbröseln:

Freizeitdramen fordern 4 Tote

Innerhalb von fünf Tagen kommt es zu zwei schockierenden Freizeitdramen in Österreich. Bei Felsstürzen, zuerst in einer steirischen Klamm und dann nahe der Eisriesenwelt sterben insgesamt vier Menschen. Forscher warnen schon seit langem: Der Klimawandel lässt die heimischen Berge faktisch zerbröseln.

Die bei Wanderern beliebte Bärenschützklamm nahe Mixnitz im Bezirk Bruck-Mürzzuschlag ist gut besucht, als es plötzlich zur Tragödie kommt. Laut Polizei stürzte im Bereich des hohen Wasserfalls ein Felsteil ab und trifft auf den darunterliegenden Wandersteig und die dortigen Holztreppen, auf der gerade eine Gruppe unterwegs ist. Zwei Frauen und ein Mann sterben, neun weitere Menschen werden teils schwer verletzt.

Der Steirer Andreas Pichler schildert den „Krone"-Redakteurinnen Eva Stockner und Monika Krisper das Drama: „Es war ein perfekter Tag für unseren ersten Ausflug. Auf einmal haben wir einen Knall gehört, binnen Sekunden ist eine Steinlawine auf uns niedergegangen." Sein Sohn (9) wird am Kopf getroffen. „Ich habe mich über ihn gebückt und geschaut, dass es ihn nicht weiter trifft."

Nur wenige Tage später dann die nächste Tragödie. Oberhalb der Eisriesenwelt – einem Ausflugsziel im Salzburger Werfen – löst sich ebenfalls ein Gesteinsbrocken. „Krone"-Redakteur Antonio Lovric: „Ein 14-Jähriger wird tödlich getroffen. Das Unglück passiert auf dem Weg zum Naturdenkmal genau in jener Kehre, die nicht von Lawinen- und Steingalerien geschützt ist."

Schon in der Vergangenheit haben Experten immer wieder eindringlich gewarnt. Der Klimawandel mit Extremtemperaturen macht die Felsenformationen poröser.

Vor dem Eingang zum Salzburger Ausflugsziel Eisriesenwelt wird ein 14-Jähriger von einem Gesteinsbrocken tödlich getroffen.

Zwischen diesen Bildern liegen mehr als 55 Jahre: Der legendäre Beatles Ringo Starr (Foto o. 2. v. li.), im bürgerlichen Namen Sir Richard Starkey, feiert seinen 80. Geburtstag. Im Gespräch mit „Krone"-Hollywoodreporter Dierk Sindermann spricht er über Träume, die Zukunft und die Familie. „Meine Kinder sind ein Segen. Wissen Sie, dass ich inzwischen acht Enkel und einen Urenkel habe?" Die Musik lässt ihn nicht los – auch künftig will er „weiter auftreten".

JULI 2020

› Betrugs-Skandal um weltweiten Zahlungsdienstleister › Es geht um Milliarden

Wirecard: „Österreichischer

Der Betrugsskandal um den weltweiten deutschen Zahlungsdienstleister Wirecard wird zu einem „österreichischen Krimi". Denn im Mittelpunkt stehen mit Markus Braun und Jan Marsalek zwei heimische Chefs des Dax-Konzerns. Es geht um Milliarden und Geheimdienste...

⌃ Wirecard-Vorstandsvorsitzender Markus Braun sitzt in Deutschland in Haft, Finanzchef Jan Marsalek ist flüchtig. ›

100.000 US-Dollar Trinkgeld für Barista

Das hat sich eine Kundin der Kaffee-Kette Starbucks wohl anders vorgestellt: Weil ein Mitarbeiter sie fragte, ob sie eine Schutzmaske habe, wollte sie im Internet einen Shitstorm gegen den Mann anzetteln. Doch der Schuss ging nach hinten los und brachte dem Barista Lenin Gutierrez 100.000 $ Trinkgeld.

Kahlschlag: Casinos streichen 600 Jobs

Dramatische Entscheidungen bei der außerordentlichen Aufsichtsratssitzung der Casinos Austria. Wie „Krone"-Wirtschaftschef Georg Wailand analysiert, gibt es als gute Nachricht ein ehrgeiziges Zukunftskonzept. Die schlechte Nachricht ist ein knallharter Sanierungsplan: 600 von 1700 Mitarbeitern müssen mit einer Kündigung rechnen.

John Travolta trauert um seine Ehefrau Kelly Preston. Die 57-Jährige hielt ihre schwere Krankheit geheim. „Schweren Herzens teile ich euch mit, dass meine wunderbare Ehefrau Kelly ihren zweijährigen Kampf gegen Brustkrebs verloren hat", schreibt der Schauspieler auf Facebook. Für die Hollywood-Legende ist es bereits der dritte persönliche Schicksalsschlag. 1977 starb seine Liebe Diana Hyland ebenso an Brustkrebs, sein ältester Sohn Jett kam 2009 im Alter von 16 Jahren auf den Bahamas durch einen Krampfanfall ums Leben.

WAS UNS BEWEGTE

und Geheimdienste
Krimi"

Was wie das Drehbuch zu einem echten Thriller klingt, spielt sich in der Finanzwelt tatsächlich ab. Der komplette Zusammenbruch des Wirecard-Konzerns sorgt für Schockwellen. Bis zu drei Milliarden Euro sollen einfach weg sein. Mittendrin in dem mutmaßlichen Betrugsskandal sind zwei Österreicher. Während Vorstandsvorsitzender Markus Braun in Deutschland verhaftet wird, fahnden die Sicherheitsbehörden weltweit nach Finanzchef Jan Marsalek.

Der schillernde heimische Top-Manager mit besten Kontakten zu Geheimdiensten soll – unter dem Schutz russischer Agenten stehend – in einem Anwesen bei Moskau untergetaucht sein.

Sex-Roboter als Geschäftszweig

Jedes Jahr sendet Abyss Creations aus dem US-Staat Kalifornien 600 Sex-Roboter in die Schlafzimmer. Zu seinen Kunden zählt Erfinder Matt McMullen sogar Nobelpreisträger. Die künstliche Geliebte erzählt sogar frauenfeindliche Witze. Aktivistin Kathleen Richardson übt Kritik: „Sex-roboter sind eine politische Sache, denn die Unternehmen verkaufen frauenähnliche Maschinen, damit sie auch als Sklavinnen benutzt werden können."

● Kritik an Präsident Kadyrow als Todesurteil ● Auftragsmord vor Toren Wiens:

Attentat: Tschetschene tot

Auftragsmord vor den Toren Wiens: Mitten am helllichten Tag wird ein Tschetschene (43) auf dem Gelände eines aufgelassenen Autohauses mit einem Kopfschuss regelrecht hingerichtet. Das Opfer war durch Internet-Videos als heftiger Kritiker von Präsident Ramsan Kadyrow bekannt – lehnte aber Polizeischutz ab.

Frau, drei Kinder, Gemeindebauwohnung in Wien-Donaustadt. Nachbarn beschreiben den Tschetschenen mit zwei Alias-Namen als „freundlich". Als „Anzor aus Wien" beschimpft der 43-Jährige in unzähligen Videos, die im Internet bis zu 500.000 Personen anklickten, immer wieder den gefürchteten Präsidenten Kadyrow.

Daraufhin warnen ihn heimische Staatsschützer vor Todesdrohungen, nehmen ihn auf die Gefährderliste und quartieren die Familie um. Doch der lange Arm des tschetschenischen Diktators holt den Mann trotzdem ein: Bei einem Treffen wird der Informant des ukrainischen Nachrichtendienstes von einem polizeilich vorbestraften 47-Jährigen – auch der Verdächtige ist Tschetschene und Konventions-, also Kriegsflüchtling – mit mehreren Schüssen getötet.

△ Spurensuche der Polizei am Tatort, ein verlassenes Firmenareal.

△ „Anzor" gegen Diktator Kadyrow (li.) auf der Reichsbrücke.

JULI 2020

◗ Zu wenig Nahrung ◗ Arktis-Meereis au[f]

Eisbären droht der Tiere ausgestorben

Eisbären auf ihrer verzweifelte Suche nach Nahrung

Durch den Klimawandel könnten Eisbären bis zum Jahr 2100 in freier Wildbahn ausgestorben sein. Schwindender Lebensraum und steigende Temperaturen verringern laut einer Studie die Nahrung für die faszinierenden Tiere. Dazu passend: Im Juli ist das Arktis-Meereis auf einem traurigen historischen Tiefstand.

Mit dem Schrumpfen des Eises am Nordpol bleibt weniger Zeit für die Robbenjagd. „Ein Teufelskreis, da entkräftete Tiere dann schlechter durch den arktischen Winter kommen", so „Krone"-Auslandsredakteur Ed Ricker. Zwölf von 13 untersuchten Populationen dürften deshalb die nächsten 80 Jahre nicht überstehen.

Street-Artist wirbt für Schutz:
Bansky-Bilder für Masken in U-Bahn

Der geheimnisumwitterte Streetart-Künstler Bansky wirbt in einer Londoner U-Bahn mit Ratten-Bildern für das Tragen von Masken. Auf seinem Instagram-Profil veröffentlicht er ein knapp einminütiges Video, auf dem er sogar selbst in Aktion zu sehen ist – allerdings in weißem Schutzanzug, Gummi-Handschuhen, einer orangefarbenen Warnweste und natürlich einem Mund-Nasen-Schutz. Die Verkehrsbehörde lässt die Werke wegen ihrer strengen Anti-Graffiti-Politik allerdings sofort beseitigen.

Mit einer Maske segelt diese Bansky-Ratte an der Wand einer London U-Bahn. ◗

◗ Jubel bei Sultan Erdoğan ◗ Papst Franziskus: „Ich empfinde großen Schmerz"

Hagia Sophia wieder Moschee

Das brisante Tauziehen um die vor 1500 Jahren erbaute Hagia Sophia in der türkischen Millionenmetropole Istanbul geht zu Gunsten von Sultan Erdoğan aus. Denn die byzantinische Kirche, die seit Jahrzehnten ein Museum war, ist ab sofort wieder in eine Moschee umgewandelt. Papst Franziskus empfindet „großen Schmerz".

Im 6. Jahrhundert nach Christus von Kaiser Justinian als Kuppelbasilika erbaut hat Hagia Sophia (auf griechisch „heilige Weisheit") schon eine bewegte Geschichte in der Weltreligion hinter sich. 900 Jahre war sie die Hauptkirche der orthodoxen Christenheit, bis Konstantinopel 1453 von den Türken erobert wurde. Dann, über Jahrhunderte eine Moschee – und schließlich die vergangenen 86 Jahre ein Museum.

Jetzt kippt das Oberste türkische Verwaltungsgericht die damalige Entscheidung und macht den Weg für eine erneute Moschee frei. Präsident Recep Tayip Erdoğan jubelt: „Wir stellen einen Fehler richtig. So einfach ist das." Heftige Kritik kommt hingegen von der russisch-orthodoxen Kirche, der EU und aus den USA. Selbst Papst Franziskus „empfindet großen Schmerz".

WAS UNS BEWEGTE

Rekord-Tiefstand
Klimatod: bis 2100?

Die Forscher rechnen mit einem Anstieg der Durchschnittstemperatur um 3,3 Grad im Vergleich zur vorindustriellen Zeit. Selbst wenn dieser auf 2,4 Grad begrenzt werden kann, verzögert dies das Aussterben nur.

Studienleiter Steven Amstrup: „Noch immer mehr, als Eisbären während einer Million Jahre Evolutionsgeschichte erlebt haben."

Pin-up-Polizistin Toni McBride wird in Los Angeles von der 14-jährigen Tochter von Daniel Hernandez verklagt. Die 23-jährige Beamtin hätte den Mann im April „grundlos" getötet. Nach einem Autounfall hatte der Familienvater gedroht, sich mit einem Messer zu erstechen. Als er mit der Waffe auf McBride zuging, feuerte diese sechsmal auf ihn (Bild re).

Sultan Erdoğan bei seiner Rede zum Freitagsgebet – jubelnde Türken vor der Hagia Sophia

◉ **Der legendäre** „Krone"-Cheffotograf Gino Molin-Pradel stirbt 78-jährig. Das Naturtalent hinter der Kamera, Spross einer Eismacher-Dynastie, war mit heimischen Society-Größen auf Tuchfühlung. „Mein Geheimnis beim Fotografieren war immer gutes Benehmen und Respekt. So kommt man den Menschen näher", so Molin-Pradel einmal über seinen Beruf.

◉ **Nach einem viertägigen** EU-Gipfelmarathon einigen sich Europas Staats- und Regierungschefs auf ein historisches Hilfspaket für besonders hart in der Corona-Krise betroffene Länder. Zudem verhandelt Bundeskanzler Sebastian Kurz einen stolzen Beitrags-Rabatt aus.

◉ **Erschütternde** Beziehungstat in Oberösterreich: Ein 60-jähriger Mühlviertler soll in einer Schafhütte seine Ex-Lebensgefährtin (59) erwürgt und danach hinter dem Holzhäuschen im Wald aufgehängt haben. Dann ruft der Verdächtige den Notruf: „Ich habe meine Frau getötet."

◉ **Tragisches Schicksal:** „Glee"-Serienstar Naya Rivera ertrinkt im kalifornischen Lake Piru. Einsatzkräfte finden ihren vierjährigen Sohn schlafend in einem Boot. Die 33-Jährige hatte ihn noch mit letzter Kraft hineingehoben, bevor sie unterging.

◉ **Die deutsch-österreichische** TV-Starköchin Sarah Wiener geht mit ihren Restaurants in Berlin und Hamburg Pleite. „Für mich geht damit vorerst meine dreißig Jahre dauernde Catering- und Gastronmie-Ära zu Ende", postet die 57-jährige Grün-Abgeordnete im EU-Parlament. Grund für die Insolvenz sei die Corona-Krise.

◉ **Familiendrama** im Burgenland: Ein 59-Jähriger soll seine Frau (64) und seine Mutter (92) umgebracht haben, weil er mit der Pflege der Angehörigen überfordert ist. Dann stürzte er sich von einer Aussichtsplattform in den Tod.

◉ **Benjamin Keough**, der einzige Enkel der Rock'n Roll-Legende Elvis Presley und selbst Musiker, stirbt mit nur 27 Jahren in Amerika.

AUGUST 2020

TOP-THEMEN IM AUGUST

- Drohnen im Kampf gegen die Schleppermafia
- Beim Posieren für Foto Statue Zehen abgebrochen
- Sieg für Lukaschenko Ausschreitungen in Belarus
- Triple-Krone! Bayern sind Europas Könige

WAS UNS BEWEGTE

Bild des Monats

Nach der Horrorexplosion im Hafen von Beirut ist der Libanon ein gebrochenes Land: 190 Todesopfer und 6500 Verletzte!

AUGUST 2020

› Luftunterstützung im Kampf gegen Menschenhändler › Test im Burgenland

Drohnen gegen die Schlepper

Minister und Polizist sprechen über Effizienz der Drohnen.

Ob Illegale im unwegsamen Gelände oder versteckt und zusammengepfercht in Lastwagen – den digitalen Augen der Drohnen aus der Luft entgeht kaum etwas. Daher sollen unbemannte Flugobjekte künftig auch an unseren Grenzen zum Polizei-Einsatz kommen. Die „Krone" begleitet die ersten Testflüge im Burgenland.

„Derzeit befinden sich rund 120.000 Migranten an den EU-Außengrenzen und entlang der Westbalkanroute. Daher haben wir ein dreistufiges Sicherheitsnetz initiiert, um bestmöglich auf eine erneute Flüchtlingswelle vorbereitet zu sein", so Innenminister Karl Nehammer. Und um diesen Schutz an der österreichischen Grenze effizienter zu gestalten, sollen künftig rund 40 unbemannte Flugobjekte zum Einsatz kommen.

Damit man sich ein Bild vom Schutz aus der Luft machen kann, lässt man im Grenzbereich Nickelsdorf im Zuge einer Übung der burgenländischen Landespolizeidirektion zwei Prototyp-Drohnen zu Testzwecken abheben.

Das Ergebnis ist zufriedenstellend: In insgesamt vier unterschiedlichen, realitätsnahen Schlepperszenen schicken die mit Wärmebildkameras ausgestatteten Drohnen bereits aus der Luft alle Infos an die Kollegen am Boden. Der Testbetrieb zu Ungarn und Slowenien läuft bis Jahresende.

Jetzt ist auch Arnie endlich Opa geworden

„Ich hoffe, dass ich so bald wie möglich Opa werde", wünschte sich Arnold Schwarzenegger bereits im Vorjahr in einem Interview. Im August ist sein Wunsch endlich in Erfüllung gegangen. Nachdem Tochter Katherine und Hollywoodstar Chris Patt im vergangenen Jahr geheiratet hatten, hat sie jetzt das erste gemeinsame Baby zur Welt gebracht und den „Terminator" endlich zum Großvater gemacht. Platzen ließ die süße Gerüchte-Bombe Katherins Bruder gegenüber einem US-Kamerateam Arnies Enkerl ist ein Mäderl und heißt Lyla Maria.

Wildsau stiehlt Nacktem Laptop! Dieses Foto von einem nackten Mann, der aufgeregt einem Wildschwein hinterher läuft, das ihm auf einem Fkk-Strand in Berlin eine Tasche samt Laptop gestohlen hatte, geht um die Welt. Bis zum Winter erhält der schweinische Räuber vorerst Gnadenbrot und wird nicht abgeschossen.

WAS UNS BEWEGTE | Kronen Zeitung

Vier auf einen Streich! Im Wiener Tiergarten von Schönbrunn freut man sich einmal mehr über Wildkatzennachwuchs. Diesmal hat Geparden-Weibchen „Afra" vier Jungtiere bekommen. Großgezogen wird das kuschelige, schnurrende Wollknäuel-Quartett in einer Wurfhöhle. Und nachdem sich die Vier dort dementsprechend für den ersten Auftritt vor Publikum gestärkt haben, tapsen sie Anfang August zwar noch etwas wackelig zum ersten Mal mit ihrer Mama ins Freie. Fortan können die Baby-Raubkatzen mit etwas Glück von Besuchern beobachtet werden.

50-jähriger Tourist ruiniert auf Prosecco-Tour Kunststück

Beim Posieren für ein Foto Statue Zehen abgebrochen

Eine lässige Pose, und schon ist es passiert: Ein 50-jähriger in Oberösterreich lebender Deutscher bricht für ein Foto im Canova-Museum von Possagno (Italien) der Statue von Napoleons Schwester zwei Zehen ab. Obwohl sich der Kunst-Vandale auf Zehenspitzen heimlich davonschleicht, wird er ausgeforscht ...

„Mit diesem Missgeschick trat der Urlauber allerdings ganz Italien auf den Zeh", wie „Krone"-Redakteur Stefan Steinkogler den peinlichen Fauxpas zusammenfasst. Da es ein Video von dem Zehenbruch gibt, jagt die italienische Polizei den Kulturschreck per Fahndungsfotos. Schließlich handelt es sich bei dem beschädigten Exponat um eine Skulptur des geschätzten Meisters Antonio Canova.

Obwohl sich der Missetäter Tage später zerknirscht bei den Behörden meldet, meinen diese, dass eine einfache Entschuldigung nicht reiche. Sie wollen den Mann zur Kassa bitten.

Viele internationale Museen haben deshalb das Handy-Fotografieren bereits verboten. Beim Wiener Fotomarathon wird ebenso gut und gerne geknipst. Allerdings wollen sich die Hobbyfotografen nicht allzu weit für einen Schnappschuss hinaus lehnen, um ja nur kein Kulturjuwel zu zerstören.

⊙ Für das perfekte Foto müssen oft Kunstwerke wie in unterem Fall eine Statue herhalten. ⊙

Kronen Zeitung — AUGUST 2020

◗ Apokalyptische Szenen nach Detonation im libanesischen Beirut ◗ 190 Tote zu

„Plötzlich explodierte der

In der libanesischen Hauptstadt Beirut gleicht das Gebiet rund um den Hafen nach der Explosion von 2750 Tonnen Ammoniumnitrat einem Kriegsschauplatz: Schiffe sind ausgebrannt, von vielen Häusern sind nur noch Ruinen übrig, ganze Straßenzüge verwüstet. Bei dem Drama kommen 190 Menschen ums Leben, 6500 werden verletzt!

Durch Funkenflug bei Schweißarbeiten kommt es am Abend des 5. August in einer Lagerhalle des Hafens zum Brand von Feuerwerkskörpern. Doch dann springen die Flammen auf in derselben (!) Halle gelagerte 2750 Tonnen Ammoniumnitrat über. Binnen Sekunden stößt ein riesiger Feuerball in den Himmel. „Plötzlich explodierte der Hafen", erinnert sich die im Libanon stationierte Rot-Kreuz-Deligierte Lisa Tischler (33) an den Horror. Die Wucht der Detonation ist so stark, dass man die Erschütterung noch auf der mehr als 200 Kilometer entfernten Insel Zypern spürt.

Dutzende Leichen liegen rund um die Unglücksstelle, Hunderte Menschen sind unter Trümmern verschüttet. Inmitten der Panik löschen Feuerwehrmänner haushohe Flammen, befreien Eingeschlossene aus den Trümmern und liefern gemeinsam mit Rettungsleuten Verletzte in Spitäler ein. Danach gerät das im Hafen liegende Kreuzfahrtschiff „Orient Queen" ebenso in Brand und sinkt.

Bereits am Tag danach werden 16 Hafenbeamte unter Hausarrest gestellt. Ihnen wird vorgeworfen, nicht darauf geachtet zu haben, dass die auch zur Sprengstoffherstellung verwendeten Chemikalien sicher gelagert werden.

Und da auch einige Franzosen unter den Opfern sind, leitet Frankreichs Staatsanwaltschaft ein Verfahren wegen fahrlässiger Tötung ein.

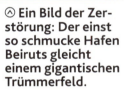

⊙ Ein Bild der Zerstörung: Der einst so schmucke Hafen Beiruts gleicht einem gigantischen Trümmerfeld.

⊙ Ein Foto aus einer Überwachungskamera zeigt die Explosion: ein riesiger Feuerball samt Rauchschwaden.

Mit aller Kraft bekämpfen Feuerwehrleute brennende Hausruinen und helfen bei Bergungsarbeiten. ⊙

WAS UNS BEWEGTE | Kronen Zeitung

eklagen ❯ 6500 Verletzte

Hafen!"

⊙ Halb Beirut liegt nach der Explosion in Trümmern. Ein Verletzter sitzt geschockt am Unglücksort. – Die Überlebenden sind geschockt. Stundenlang weiß niemand, wer oder was das Drama verursacht hat.

„Blue Shield" unterstützt Wiederaufbau mit 20 Architekten

Habsburg koordiniert Schutz von Kulturgütern in Beirut

Karl von Habsburg mit seiner Tochter Gloria vor desolatem Museumsfenster.

Auch drei Wochen nach der Explosion in Beirut herrscht noch immer Chaos rund um den Hafen. Zwanzig Experten und Architekten der Kulturgüterschutz-Organisation „Blue Shield" helfen unter Leitung von Kaiserenkel Karl von Habsburg Kulturgüter sowie 650 beschädigte historische Gebäude, vor der völligen Zerstörung zu bewahren.

„Eine hervorragende Hilfe. Unsere Soldaten unterstützen in Krisenregionen immer wieder ‚Blue Shield', um Kulturgüter zu retten", so Verteidigungsministerin Klaudia Tanner. Indes Aufatmen bei Major Obrist, stellvertretender Kommandant der 120 Kilometer entfernt stationierten 180 Österreicher. Obwohl die Blauhelme immer wieder im Hafengebiet tätig sind, gibt es keine Verletzten unter ihnen. Die UNIFIL-Soldaten sind zudem erleichtert, da es kein Terrorangriff war.

Major Andreas Obrist (42), Stv. Kontingentskommandant

81

AUGUST 2020

Der Wahlsieg des Präsidenten löst in
Die EU erkennt

Nachdem sich der seit 26 Jahren regierende Staatschef Alexander Lukaschenko im August zum sechsten Mal in Folge mit 80 Prozent der Stimmen zum Sieger ausrufen lässt, brechen in Belarus Massenproteste aus. Der Präsident reagiert mit Polizeigewalt. Aber auch die EU erkennt den 65-Jährigen als Staatschef nicht an.

Da die Bürger Weißrusslands das Ergebnis anzweifeln und sich eine breite Front – angeführt von mutigen Frauen in Weiß – gegen den Langzeitregenten bildet, schickt dieser Polizei und Militär aus, um die Massenproteste gewaltsam zu beenden. Lukaschenko bezeichnet die Demonstranten als Ratten. Dann lässt er sich, bewaffnet mit einer Kalaschnikow, von einem Hub-

Zornerfüllt droht Lukaschenko mit einer Kalaschnikow den Massen. Maria Kolesnikova bleibt unbeirrt.

Nationalratspräsident Wolfgang Sobotka unter Beschuss:
Ibiza & Glücksspiel prägen U-Ausschuss im Parlament

Der Ibiza-Ausschuss im Parlament lässt politisch die Wogen hochgehen. Nach einem Hickhack um die Herausgabe des Videos der Kamera-Falle für den gestürzten FPÖ-Chef Heinz-Christian Strache auf der spanischen Partyinsel an die Parlamentarier rückt Nationalratspräsident Wolfgang Sobotka ins Kreuzfeuer der Kritik.

Denn die Opposition fordert geschlossen den Rücktritt des U-Ausschuss-Vorsitzenden. Sie sieht in Spenden von Novomatic ans Alois-Mock-Institut, dessen Präsident Sobotka ist, eine Unvereinbarkeit. Der derart Angegriffene denkt aber nicht daran, sich zurückzuziehen und weist den Anschein der Befangenheit im Interview mit „Krone"-Redakteur Erich Vogl strikt zurück: „Ich bin zum Spielball der Politik geworden."

Tatsächlich rückt der eigentliche Untersuchungsgegenstand Ibiza bzw. das nach wochenlangem Tauziehen mit der Justiz ans Parlament gelieferte Video mit der „schoafen Russin" als falsche Oligarchennichte immer mehr in den Hintergrund. Stattdessen dominiert das Glücksspiel mit dem Groß-Konzern Novomatic und vermeintlich politische Deals um Macht und Posten. Neben heftigen Schlagabtauschen bei den Sitzungen sorgen auch die Erinnerungslücken von Zeugen für gehörige Aufregung.

Der streitbare Nationalratspräsident Wolfgang Sobotka denkt nicht daran, als Vorsitzender des Ibiza-Untersuchungs-Ausschusses abzutreten.

Ein Habsburger reitet bei den Lipizzanern ein

WAS UNS BEWEGTE | Kronen Zeitung

Belarus Massenproteste aus ▸ Rücktrittsultimatum gestellt

Lukaschenko nicht an

schrauber in seinen Präsidentenpalast bringen.

Gepanzerte Fahrzeuge an den Zufahrten, ein Großaufgebot von Sicherheitskräften vor der Festung, um zu verhindern, dass die wütenden Menge den Palast stürmt. 100.000 Menschen fordern den Rücktritt von „Europas letztem Diktator".

Aber auch in Brüssel gehen die Wogen bald hoch. „Wir halten die Wahlen für gefälscht", so EU-Außenbeauftragter Josep Borrell. Deshalb werde die EU Lukaschenko auch nicht als legitimen Präsidenten von Belarus anerkennen. Indes werden Regimegegner wie Maria Kolesnikova verschleppt. Oppositionspolitikerin Swetlana Tichanowskaja stellt ein Ultimatum: „Wenn unsere Forderungen bis 25. Oktober nicht erfüllt werden, wird das gesamte Land auf die Straße gehen."

Polizisten mit äußerster Brutalität gegen Demonstranten

„Ferdinand, der absolute Hammer!" so fasst Adabei-Chef Norman Schenz den wilden Werbespot in der Spanischen Hofreitschule zusammen. Denn dort, wo sonst die Bereiter der weißen Hengste eine Pferdestärke unterm Sattel haben, dreht Rennfahrer Ferdinand Habsburg (links) gleich mit mehreren hundert PS unterm Sitz seine Runden. Ein Sportabgasanlagenhersteller hat den ungleichen Tanz inszeniert, der Erlös fließt in den Erhalt der Lipizzaner.

Triple-Krone! Bayern sind Europas Könige. – Mit dem Sieg (1:0) im Champions-League-Finale gegen Paris Saint Germain holen sich die Deutschen das zweite Triple (CL, Meisterschaft, Pokal) nach der Saison 2013. Es ist auch das erste Mal, dass eine Mannschaft alle Spiele in einer Champions-League-Saison für sich entscheiden kann. Paris muss trotz Milliarden-Investitionen aus Katar weiter auf den Gewinn des Henkelpokals warten. Österreich jubelt über seinen Superstar David Alaba (re.).

▸ **Bedenklicher Angriff** auf ORF-Korrespondent Christian Wehrschütz in Kiew (Ukraine). Hacker der Internet-Mafia knacken sämtliche seiner Daten und richten in seinem Namen rührselige Bittschriften an Freunde und Kollegen.

▸ **Eigentlich sollte** ein Mediziner Menschen heilen, doch Devender Sharman aus Neu Delhi tötet 50 Taxifahrer, handelt mit ihren Organen und wirft die Leichen Krokodilen zum Fraß vor. Der Inder (62) gilt als einer schlimmsten Serienkiller aller Zeiten.

▸ **Mit Gefühlen** von Trauer über die Todesopfer und mit Freude über die Fertigstellung eröffnen die Italiener Anfang August die neugebaute „Genova San Giorgio"-Brücke in Genua. Das Bauwerk war 2018 eingestürzt, 43 Menschenleben starben dabei.

▸ **Der wegen** Schmiergeldzahlungen und Justizermittlungen in Ungnade gefallene spanische Ex-König Juan Carlos verlässt sein Land per Boot und setzt sich nach Abu Dhabi ab. Dort residiert der 82-Jährige in einer Luxus-Suite des Emirates Palace Hotel.

▸ **Im Streit** um Erdgasvorkommen vor der griechischen Insel Kastelorizo in der Ägäis erhält Athen Unterstützung durch Frankreichs Präsidenten Macron. Da sich in der Region zur gegenseitigen Abschreckung bereits die türkische und die griechische Marine belauern, schickt Macron Kriegsschiffe in das östliche Mittelmeer.

▸ **Außenminister** Alexander Schallenberg empfängt seinen amerikanischen Amtskollegen Mike Pompeo in Wien. „Die USA sind für uns ein unverzichtbarer Partner, nicht nur wirtschaftlich, sondern auch politisch", betont Schallenberg. Deshalb brauche es eine starke transatlantische Partnerschaft.

▸ **Glück im Unglück** hat eine australische Seglergruppe im Westpazifik. Dank eines riesigen in den Sand gemalten SOS-Hilferufes werden die drei von US-Militärflugzeugen auf einer winzigen Insel entdeckt. Ein Patrouillenboot holt die Schiffbrüchigen ab.

SEPTEMBER 2020

Bild des Monats

Geschafft! Österreichs Tennis-Ass Dominic Thiem erfüllt sich seinen Lebenstraum: In seinem vierten Grand-Slam-Finale gewinnt er den Pokal bei den US-Open in New York.

WAS UNS BEWEGTE

TOP-THEMEN IM JULI

- Chaos um Corona-Ampel im Land: Es hat sich ausgefeiert
- Moria brennt – Polit-Streit um Hilfe für Flüchtlingskinder
- Akt der Versöhnung: Pässe für Nachfahren vertriebener Juden
- Airbus geht leer aus: Heer kauft neue Hubschrauber

SEPTEMBER 2020

Post von Jeannée

MICHAEL JEANNÉE
michael.jeannee@kronenzeitung.at

Das Sacher. Unser Sacher. Mein Sacher.

„Servus, Fritzl – kommst mit ins Sacher?"

„I kann net, Kaiserliche Hoheit, i triff a Madl."

„Alsdann, servus."

Mein Lieblingsdialog aus den „Letzten Tagen der Menschheit" von Karl Kraus.

Das Sacher. Mehr denn ein Luxushotel.

Ein Stück altes Österreich. Kostbar. Herrliches Überbleibsel aus der Welt von gestern.

Ein lebendiges, ein lebendes Gebäude.

Das Sacher atmet, pulsiert. Ein Hort der Philosophie, Stätte vollendeter Manieren und Gastfreundschaft.

Ein Haus, das Österreich widerspiegelt. Seine Sprache, seine Geschichte.

Die Monarchie. Die Erste Republik. Die Nazizeit. Den Krieg. Den Wiederaufbau.

Ein Diamant.

Heute steht es so gut wie leer. 140 Mitarbeiter wurden entlassen.

Das Sacher ist in Gefahr. Dem Sacher droht der Untergang. Kein Hotel dieser Größe kann überleben, wenn es leer steht. Keine Gastfreundschaft, keine Philosophie, kein Stück altes Österreich, keine Welt von gestern.

Das Sacher. Nur eine von vielen Luxusherbergen, denen die Pleite droht?

Nein! Denn es ist das Sacher. Und das ist ein großer Unterschied. Denn wenn das Sacher verschwindet, verschwindet ein Stück Österreich.

Das darf nicht sein. Rettet das Sacher. Mein Sacher. Unser Sacher. Das Sacher aller Menschen.

Neue Corona-Maßnahmen • Sperrstund-Fleckerlteppich • E

Partyende, Chaos mit

Es hat sich ausgefeiert! Aufgrund wieder steigender Infektions-Zahlen verschärft die Regierung erneut die Corona-Maßnahmen. Im Visier ist die Partyszene bzw. ein strenges Personenlimit für private Feiern. Aufregung auch um das Ampel-Chaos und die Absage des Opernballs.

Der Sommer hatte eine kurze Atempause gebracht – da die Zahlen in der kalten Jahreszeit besorgniserregend steigen (zum zweiten Mal nach dem Lockdown wird sogar die 1000er-Grenze gesprengt), verschärft die Regierung erneut die Maßnahmen. In allen geschlossenen Räumen – vom Wirt bis zu Amtsstuben und Geschäften – gilt wieder österreichweit die Maskenpflicht. Zudem ist die Partyszene im Visier: Die „Virus-Polizei" kontrollierte tausende Lokale.

Zudem sorgt die Einführung der schon lange angekündigten Corona-Ampel für Aufregung. Sie blinkt in Grün, Gelb, Orange und Rot – die Verwirrung ob der Far-

Unser „Krone" bunt-Karrikaturist zum Farbenspiel-Chaos: Gesundheitsminister Anschober als Ampel-Männchen.

benspiele bleibt freilich groß. Wie auch beim Fleckerlteppich in der Gastro. In drei westlichen Bundesländern ist schon um 22 Uhr Sperrstunde, Wien und Niederösterreich führen vorerst nur Gäste-Registrierungen ein. Den neuen Maßnahmen fällt dann auch der Opernball zum Opfer: Das Staatsgewalze im Haus am Ring wird zum zweiten Mal nach dem Irak-Krieg 1991 abgesagt.

Integrationsbericht:
2 Millionen Zuwanderer

Mit exakt 2,070.100 Personen hat schon fast ein Viertel der Bevölkerung in Österreich Migrationshintergrund. Das geht aus den Zahlen des Integrationsberichtes von Ministerin Susanne Raab hervor. Neben dem Arbeitsmarkt steht auch das Schulsystem vor großen Herausforderungen. Der Anteil nichtdeutschsprachiger Kinder steigt auf 26,4 %. Bedenklich ist auch die teilweise frauenfeindliche Einstellung von Jugendlichen.

Ein Stück Österreich: das berühmte Wiener Hotel Sacher

WAS UNS BEWEGTE

at sich ausgefeiert: Ampel

Corona zwingt auch den Opernball in die Knie – Absage!

CORONA VIRUS

⌃ Wo ist die Party? Tausende Polizisten kontrollieren die Nachtgastro. Masken prägen auch den Schulbeginn bei den Taferlklasslern (re.)

Registrierungspflicht für die Gäste beim Wirt & Co.

Liebesg'schichten: „Schon bissl stolz"

Es sind große Fußstapfen, in die Nina Horowitz in diesem Sommer getreten ist, indem sie das von Elizabeth T. Spira erdachte Kuppelformat übernahm. Im Interview mit „Krone"-TV-Redakteur Stefan Weinberger zieht sie Bilanz: „Ich bin schon ein bissl stolz." Gleich viermal knackt die Sendung die Millionen-Zusehergrenze.

Gewalt-Demos in Wien: Erdoğan-Spionin aufgeflogen

Nach Gewaltausbrüchen in Wien zwischen Kurden und Türken fliegt nun ein brisanter Spionagefall auf. Eine Austro-Türkin wird nach Ermittlungen von Staatsschützern ausgeforscht. Die Verdächtige ist geständig, Teil eines Spitzel-Netzwerkes für Sultan Erdoğan zu sein, das via Messenger-Dienst WhatsApp kommuniziert hat. Zuvor befand sie sich in Izmir in Haft, wo sie rekrutiert wurde. Sie wartet nun auf freiem Fuß und unter Polizeischutz auf ihren Prozess.

SEPTEMBER 2020

Gespenstisches Bild: Ein Feuerschein liegt über dem berüchtigten griechischen Flüchtlingslager Moria auf der Insel Lesbos

Mit dem berüchtigten Nervengift Nowitschok – offenbar in einer Wasserflasche versteckt – wird in der sibirischen Stadt Tomsk ein Mordanschlag auf den bekannten russischen Oppositionellen Alexej Nawalny verübt. Das bestätigt eine Analyse in einem Labor der deutschen Bundeswehr eindeutig. Denn um sein Leben zu retten, wird Putins größter Feind per Spezialluft-Transport in die weltbekannte Klinik Berliner Charité ausgeflogen. Am Krankenbett zeigt er sich mit seiner Familie schon wieder kämpferisch.

> Ein bedeutender Akt der Versöhnung

Vertriebene Juden Staatsbürgerschaft

Im dunkelsten Kapitel unserer Geschichte wurden rund 65.000 österreichische Juden von den Nazis ermordet und bis zu 100.000 vertrieben. Sie mussten sich rund um den Globus neue Existenzen aufbauen. Für die Opfer und deren Nach-fahren setzte die Republik nun aber einen weiteren wichtigen Schritt zur Versöhnung mit der alten Heimat: Seit 1. September 2020 können Vertriebene sowie deren Kinder und Kindeskinder um die österreichische Staatsbürgerschaft an-

Norwegen-Torschütze Marcel Sabitzer (links). Teamchef Franco Foda im leeren Klagenfurt-Stadion (rechts).

WAS UNS BEWEGTE | Kronen Zeitung

> Griechisches Lager Moria brennt nieder > Es geht um Aufnahme von Kindern:

Flüchtlingsstreit in Regierung

Das war zu erwarten: In der türkisgrünen Regierung gibt es den ersten heftigen Streit in der Flüchtlingsfrage. Nach einem Feuer-Inferno im berüchtigten Lager Moria auf der griechischen Insel Lesbos geht es um die Aufnahme von Kindern. Kurz bleibt aber hart – stattdessen startet ein Hilfsflug.

Durch das vermutlich von Asylwerbern selbst gelegte Feuer wird die Zeltstadt großteils zerstört. Die Grünen wollen daraufhin zumindest unbegleitete Minderjährige aus Moria hier bei uns aufnehmen. Doch Bundeskanzler Sebastian Kurz gibt keinen Millimeter nach. Österreich habe seit 2015 im Europa-Vergleich schon sehr viel geholfen und außerdem hätte unser Land abseits des internationalen Scheinwerferlichts heuer schon 3700 Kinder aufgenommen.

Schließlich einigt man sich in der Regierung auf Hilfe vor Ort. Der Innenminister fliegt mit dem Riesenvogel Antonow 124 – eine der größten Transportmaschinen der Welt – samt tonnenweise Zelten, Hygienepaketen und Decken nach Athen.

Innenminister Karl Nehammer bei der Landung mit der Hilfslieferung in Athen

> Weltweites Echo

erhalten zurück

suchen, ohne auf ihre aktuelle verzichten zu müssen, berichtet „Krone"-Redakteur Oliver Papacek. Besonders in Israel, Großbritannien und den USA ist das Interesse groß, heißt es von Seiten der Behörden. Es werden bis zu 70.000 Anträge erwartet!

Martin Weiss (links), unser Botschafter in den USA, nahm den ersten Antrag aus Übersee höchstpersönlich entgegen.

Nach Auswärtssieg zum Auftakt Heimniederlage:

Nations-League für Team startet vor leeren Rängen

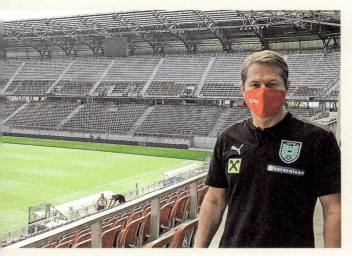

Das Fußballjahr beginnt für Österreichs Nationalmannschaft mit der noch jungen Nations-League. Zum Auftakt setzt sich das Team eindrucksvoll auswärts gegen Norwegen mit 2:1 durch. Weltklasse-Stürmer Erling Haaland ist trotz eines Treffers bei unserer starken Abwehr sonst abgemeldet. Doch dem guten Start folgt beim ersten Heimspiel vor leeren Rängen im Klagenfurter Stadion dann gleich eine kalte Dusche für die rotweißrote Truppe ohne Bayern-Star David Alaba. Gegen Rumänien setzt es doch überraschend eine 2:3 Niederlage. Weiterer Gegner in der Gruppe ist Nordirland.

SEPTEMBER 2020

Tanner prüft Verkauf an Indonesien – ist das endlich der Abflug für die umstrittenen Kampfjets?

▶ **18 Hubschrauber um 400 Millionen Euro** ▶ **Indonesien will unsere Eurofighter**

Bundesheer auf Einkaufstour

Es ist der größte Beschaffungsdeal nach den umstrittenen Eurofightern: Das Bundesheer kauft 18 neue Hubschrauber um bis zu 400 Millionen Euro als Ersatz für die mehr als 50 Jahre alten Alouette-Helis. Den Zuschlag bekommt der italienische Hersteller Leonardo – Airbus geht leer aus . . .

Verteidigungsministerin Klaudia Tanner muss wie ihre Vorgänger einen harten Sparkurs fahren. Mit dem größten Rüstungsdeal seit der Anschaffung der Kampfjets vor rund 20 Jahren gelingt ihr der Befreiungsschlag. „Es geht um 18 Hubschrauber des Typs AW169M von der italienischen Regierung. Mitbieter Airbus, Hersteller der umstrittenen Eurofighter, geht leer aus", berichtet „Krone"-Redakteur Paul Tikal.

Neue Helis fürs Heer. Verteidigungsminister Subianto (re.) will unsere Eurofighter. ▶

Apropos Eurofighter: Ein Brief der indonesischen Regierung signalisiert Interesse an den 15 rotweißroten Typhoons. Tanner will mit dem weltgrößten asiatischen Inselstaat in Verhandlungen um den Verkauf der Überschall-Maschinen treten. „Das ist eine ernsthafte Option", so die Verteidigungsministerin. Auch der grüne Koalitionspartner sieht das Angebot als Chance.

Kommt das Geschäft zustande, wäre das der Schlusspunkt unter dem jahrelangen Streit samt Anzeigen und Ermittlungen gegen Airbus.

◀ Trump ist stolz auf seine Unterschrift. Nun signiert er Schecks für Oberösterreicher (unten). Auch der 80-jährige Ex-Unternehmer Adolf P. erhält den überraschenden Geldregen über 1200 US-Dollar. ▶

WAS UNS BEWEGTE

„Krone" gratuliert Sport-Ass

Dominic Thiem am Boden – und doch obenauf. In einer dramatischen Tennis-Schlacht gegen seinen deutschen Tour-Freund Alexander Zverev reißt er nach dem Verlust der ersten beiden Sätze noch das Ruder herum und gewinnt mit einem dramatischen Tiebreak die US-Open. Es ist sein erster Gran-Slam-Titel nach zuvor drei verlorenen Finals. Als Dank an die mitfiebernde „Krone"-Leserfamilie gibt es ein doppelseitiges Poster mit unserem Tennis-Ass.

- **Nach wochenlangem** Tauziehen bekommt der Ibiza-U-Ausschuss im Parlament von der Justiz eine großteils geschwärzte Version der Videofalle auf der Partyinsel für den gestürzten FPÖ-Chef Heinz-Christian Strache.

- **Rätsel um Leichenfund** auf royalem Gelände: Vor dem Kensington Palast von Herzogin Catherine und Prinz William wird im Teich eine tote Frau gefunden. Fremdverschulden dürfte aber laut britischer Polizei nicht vorliegen. Der Kensington Palast zeigt sich zum Grusel-Fund schweigsam.

- **23 Jahre lang** sitzt Curtis Flowers offenbar unschuldig in Louisville, US-Bundesstaat Mississippi, im Gefängnis. Dem Afro-Amerikaner wurde sechsmal der Prozess gemacht, für einen Vierfachmord, den er wohl nicht begangen hat. Wieso die Staatsanwaltschaft so unermüdlich gegen ihn vorging, ist unklar. Jetzt werden endgültig alle Anklagepunkte fallen gelassen, und der 50-Jährige – im vergangenen Dezember mit einer Fußfessel aus der Haft entlassen – ist frei.

- **Der erstmals** veröffentlichte Trailer vom neuen Bond-Film, dessen Kinostart aufgrund von Corona auf November verschoben worden ist, sorgt für Begeisterung. Gegenspieler im letzten Auftritt von Daniel Craig als 007 ist erneut der österreichische Schauspielstar und Oscar-Preisträger Christoph Waltz.

- **Erschütterndes** Familiendrama im deutschen Solingen: In der Wohnung eines Mehrparteienhauses finden Polizisten die Leichen von fünf Kindern. Nur der älteste Sohn – gerade einmal elf Jahre alt – überlebt, die Mutter liegt im Krankenhaus.

- **Kinder aus Portugal** haben beim Europäischen Gerichtshof für Menschenrecht Klage gegen 33 Länder eingereicht. 2017 hatten Waldbrände in ihrer Heimat 110 Menschen getötet. Weil der Klimawandel bei der Katastrophe eine große Rolle gespielt haben soll, wollen die Kinder Staaten zur Verantwortung ziehen.

Geldregen für mehr als 120 Oberösterreicher per Post:

1200 US-Dollar-Schecks von „Onkel" Trump aus Amerika

Es gibt ihn ja doch, den sprichwörtlich „reichen Onkel aus Amerika"! Mehr als 120 Oberösterreicher erreicht per Post ein Scheck über jeweils 1200 US-Dollar, unterzeichnet von Präsident Donald Trump. Dabei handelt es sich um Corona-Hilfen aus Übersee.

Trump scheint kein Glück mit seinen Corona-Schecks zu haben: Insgesamt 1,4 Milliarden Dollar hatte das US-Finanzministerium im Sommer wegen fehlenden Datenabgleichs an Tote gesendet. Jetzt die nächste Panne! Auch der 80-jährige Adolf P. aus Leonding erhält als einer von mehr als 120 Oberösterreichern einen Scheck per Post.

„Ich hab in den Sechzigern in Chicago im Gastgewerbe gearbeitet und in den USA meine Steuern bezahlt, seither bekomme ich eine Pension. Der Bonus-Scheck ist eine feine Sache", so der Ex-Unternehmer.

OKTOBER 2020

Der Präsident als Patient. „Ich fühle mich besser!" Mit diesen Worten meldete sich der an Corona erkrankte Donald Trump erstmals aus dem Krankenhaus und inszenierte sich auf einem Foto staatsmännisch und arbeitend.

WAS UNS BEWEGTE | Kronen Zeitung

Bild des Monats

TOP-THEMEN IM OKTOBER

- Superstar Lewis Hamilton feiert 91. Formel 1-Triumph
- Cobra fasst einen Taliban-Terrroristen
- US-Priester und Frauen bei Sex auf Altar ertappt
- Hammermord in Wiener Gemeindebau

OKTOBER 2020

Pokerspieler (33) erschlägt Freundin
Hammermord

In einer Wohnung in Wien Favoriten kommt es in der Nacht zum 6. Oktober zu einer fürchterlichen Bluttat. Der 33-jährige, leidenschaftliche Pokerspieler und Discjockey Mario Z. dürfte ausgerastet sein und im Streit seine Freundin mit einem Hammer erschlagen haben. Danach richtet sich der Verdächtige selbst.

Da die Wohnungstür im Gemeindebau in der Felix-Grafe-Gasse offen steht alarmieren Nachbarn die Polizei. Als Uniformierte die Räumlichkeiten in der 14.000 Einwohner umfassenden Per-Albin-Hansson-Siedlung betreten, finden sie eine leblose Frau und einen Toten vor. „Die Frau wurde durch Schläge auf den Kopf

Polizeieinsatz im Gemeindebau in Wien Favoriten: Der mutmaßliche Mörder Mario Z. (re.) war dem Pokerspiel verfallen. Nach einem Streit in der Wohnung hat er seine 39-jährige Freundin laut Polizei mit einem Hammer erschlagen.

Dr. Susanne Raab, Frauen & Integrationsministerin

Afghanischer Asylant in Haft ● Frau sollte geköpft werden
Cobra fasst Taliban-Terrorist

Einen unangekündigten Besuch der Spezialeinheit Cobra erhält Anfang Oktober ein Afghane in Oberösterreich. Die Staatsanwaltschaft Wels wirft dem Asylwerber Mitgliedschaft in der Terrororganisation der Taliban, Verhetzung und Aufforderung zum Terrorismus vor.

„Die Vorwürfe gegen den Afghanen, der 2012 einen Asylantrag stellte und ab und zu als Paketzusteller arbeitete, wiegen schwer", so Redakteur Oliver Papacek. Zumal der 31-Jährige im Internet salafistisches Gedankengut verbreitete und es dabei vor allem auf Frauen und Hindus abgesehen hatte. So forderte er die Erschießung einer Frau, die ein Fußballstadion besucht hatte.

Eine weitere, die den Koran verbrannt hatte, sollte geköpft, ihre Eingeweide auf der Straße verteilt werden. „Jeder Form von Radikalisierung und Terrorismus stellen wir uns mit aller Kraft entgegen", so Innenminister Karl Nehammer zu dem Fall.

Der Verdächtige betet die Taliban (Symbolfoto) an; verhaftet

Den Kaukasus-Krieg wollen Russlands Präsident Wladimir Putin und Frankreichs Staatschef Emmanuel Macron auf diplomatischer Ebene beenden. Doch die Chancen dafür stehen schlecht. Der seit Jahrzehnten schwelende Konflikt zwischen Armenien und Aserbaidschan droht zu einem „zweiten Syrien" zu werden. Verletzte Kinder, getötete Zivilisten und Soldaten auf beiden Seiten lassen in der umkämpften Region Berg-Karabach Schlimmes befürchten. Das muslemische Aserbaidschan möchte von christlichen Armeniern bewohnte Gebiete zurückerobern. Für die Armenier ist das eine „Frage auf Leben oder Tod".

n Favoriten ❯ Täter war polizeibekannt:

im Wohnblock

getötet, die Tatwaffe, ein Hammer, wurde sichergestellt", so Polizeisprecher Marco Jammer zum 18. Frauenmord in diesem Jahr.

Der mutmaßliche Täter – es gilt die Unschuldsvermutung – war für die Polizei kein unbeschriebenes Blatt. Wie „Krone"-Redakteur Matthias Lassnig bei einem Lokalaugenschein erfährt, hatte Mario Z. mit lauten Drogenpartys immer wieder für Aufregung im Wohnblock gesorgt. Zudem stand der Discjockey 2016 vor Gericht, weil er in einem Altersheim eine 86-Jährige vergewaltigt hatte. Nach 32 Monaten Haft kam er frei.

Kurz vor der Bluttat soll der Vater einer Tochter seine ermordete Freundin im Park der Anlage mit einem Messer verfolgt haben.

3,3 Millionen Euro für Förderung neuer Projekte
Jede fünfte Frau Gewaltopfer
Ministerin stockt Budget auf

Nur in Österreich werden in der EU mehr Frauen als Männer getötet. Nach 41 Frauenmorden 2018 und 39 Delikten 2019 liegt die aktuelle Frauenmordzahl bei 18. Durchschnittlich muss die Polizei pro Monat 1000 Betretungs- und Annäherungsverbote aussprechen. „Junge Frauen mit Migrationshintergrund müssen sich bei uns aus patriarchalen Ehrkulturen befreien können", so Ministerin Raab. Sie investiert 3,3 Millionen € in neue Gewaltschutzprojekte.

Oh, lá, lá! Die Models des französischen Modehauses Etam lassen bei der Pariser Fashion Week die Hüllen fallen und präsentieren die kommende Lingerie-Kollektion. Es dominieren die Farbe Schwarz und sexy Schnitte. Zumindest auf dem Laufsteg müssen die Models, selbst in der Corona-Krise, keine Schutzmasken vorm Gesicht tragen.

OKTOBER 2020

Moment

CONNY BISCHOFBERGER

Insel der Seligen

Unfassbar, wie die beiden obersten Repräsentanten der Großmacht Amerika coram publico miteinander umgegangen sind. Das TV-Duell zwischen dem Titelverteidiger Donald Trump und seinem Herausforderer Joe Biden war zum Fremdschämen, höchst unwürdig, eine wüste Schlammschlacht, ein ausgesprochener „Tiefpunkt der politischen Kultur in den USA", wie Kurt Seinitz analysiert.

Von solchen Männern möchte man wahrlich nicht regiert werden. Und in einem solchen Land möchte man auch nicht leben. Brutale Polizeigewalt, struktureller Rassismus, Bürger gehen mit Waffen aufeinander los. Die USA sind tief gespalten. Die „Wiege der modernen Demokratie" ist vom „amerikanischen Traum" weiter entfernt denn je.

Da macht sich Dankbarkeit breit. Fast ist man geneigt, Papst Paul VI. zuzustimmen, der Österreich beim Vatikanbesuch von Bundespräsident Franz Jonas 1971 als „Insel der Glücklichen" bezeichnet hatte. Später wurde sein Ausspruch in „Insel der Seligen" umformuliert und so zum prägenden Mythos eines Landes, in dem Menschen in Wohlstand, sozialer Sicherheit und Frieden zusammenleben.

Trotz Ibiza und der darauf folgenden Regierungskrisen, trotz eines Bankenbetrugsskandals, trotz der unabsehbaren wirtschaftlichen Folgen der Corona-Pandemie, trotz eines politischen Diskurses, der nicht immer ideal ist: Ein Blick ins Trumpland genügt, um sich selig zu schätzen, in Österreich zu leben.

Zurück im Amt erklärt US-Präsident: „Keine Angst vorm Virus!"
Donald Trump gibt sich als der „Bezwinger" von Corona

Das Corona-Virus trifft Anfang Oktober ausgerechnet seinen größten Leugner und löst in den USA helle Aufregung aus: Präsident Donald Trump und seine Frau Melania sind positiv getestet worden. Trotz seiner Infektion verlässt Trump das Spital, um sich bei einer Spritztour im gepanzerten Wagen von Anhängern bejubeln zu lassen.

Erste Aktion am Balkon für die TV-Kameras: die Maske runter!

„Die Verantwortungslosigkeit ist erstaunlich", schreibt der im Walter-Reed-Krankenhaus tätige Mediziner James P. Phillips auf Twitter und spricht von einem „politischen Theater", das andere in Lebensgefahr bringe. „Jede einzelne Person in dem Fahrzeug während dieser völlig unnötigen Fahrt muss jetzt für 14 Tage in Quarantäne. Sie können krank werden, sie können sterben."

Nach nur drei Tagen im Krankenhaus ist der US-Präsident wieder zurück im Weißen Haus und präsentiert sich als „Bezwinger" von Corona. Vollgepumpt mit einem speziellen Medikamentencocktail erscheint er auf dem Balkon, reißt sich sofort die Maske vom Gesicht und ruft den Amerikanern zu, sich nicht vor dem Corona-Virus zu fürchten.

Nationalfeiertag im Wohnzimmer! Trotz Corona-Krise findet am 26. Oktober die 25. Informations- und Leistungsschau des Bundesheeres statt. Corona-bedingt allerdings nicht wie gewohnt am Heldenplatz. „Verteidigungsministerin Tanner ist es gelungen, ‚Oscar'-Regisseur Stefan Ruzowitzky für ein Hybrid-Event mit Live-Berichterstattung im ORF zu gewinnen", bringt Herbert Kullnig, Sprecher der ÖVP-Ministerin, den Hollywood-Coup seiner Chefin auf den Punkt.

WAS UNS BEWEGTE

11. Oktober – ein historischer Sporttag

Geschichtsträchtige Meilensteine für Rafael Nadal und Lewis Hamilton: Spaniens Tennis-Held stellt mit dem Sieg über Novak Djokovic in Paris Roger Federers Rekord von zwanzig Grand-Slam-Triumphen ein. Es ist sein 13. Turniersieg in Roland Garros. Und Formel 1-Star Hamilton egalisiert auf dem Nürburgring mit seinem 91. Erfolg in einem Grand Prix jenen von Michael Schumacher. Mick Schumacher, Sohn des großen „Schumi", überreicht dem Mercedes-Piloten einen Helm seines seit 2013 in medizinischer Rehabilitation liegenden Vaters als Anerkennung. Der Brite (Bd. ob.) zeigt sich gerührt. Und im Basketball knacken die Los Angeles Lakers mit ihrem 17. NBA-Titel die Marke der Boston Celtics.

Schlusspladoyers nach 3 Jahren und 168 Verhandlungstagen

Grassers Marathon-Prozess

Der Marathon-Prozess mit Ex-Finanzminister Karl-Heinz Grasser rund um den Verkauf der BUWOG-Wohnungen geht ins Finale. Nach drei Jahren und 168 Verhandlungstagen erfolgen die Schlusspladoyers.

Grasser (li.) & Meischberger

Die Staatsanwälte bezeichnen Grasser, Walter Meischberger, Ernst Plech und Peter Hochegger als „Viererbande". Beim Verkauf der Bundeswohnungen im Jahr 2003 seien angeblich zehn Millionen Euro Schmiergeld geflossen. Bis zu zehn Jahre Haft drohen. Grassers Verteidiger, Top-Anwalt Manfred Ainedter, fordert hingegen laut den „Krone"-Gerichtskiebizen Peter Grotter, Gabriela Gödel und Silvia Schober einen Freispruch. Dem Ex-Finanzminister seien „die besten Jahre seines Lebens genommen worden".

Wie auch immer das Urteil ausgeht: Wegen der Verfahrensdauer wird der Prozess wohl erst beim Europäischen Gerichtshof für Menschenrechte (EuGH) zu Ende gehen ...

▸ **Die Zahl** der Waldbrände im brasilianischen Amazonas-Regenwald ist im September im Vergleich zum Vorjahresmonat erneut drastisch gestiegen. Mit Satellitenbildern werden 32.017 Feuer erfasst. Im Vorjahresmonat waren es 19.925 Brände – Anstieg um 61 Prozent!

▸ **Prinz Harry** und seine Frau Meghan haben sich zum Auftakt des Aktionsmonats „Black History Month" gegen Rassismus ausgesprochen. Auch wenn in vielen Bereichen Fortschritte zu sehen sind, gebe es Nachholbedarf.

▸ **Archäologen** entdecken in der Grabstätte Saqqara 59 Sarkophage aus altägyptischer Zeit, die seit 2600 Jahren nicht geöffnet wurden. Ägyptens Antikenminister Khalid: „Manche Mumien sahen aus, als wären sie erst gestern mumifiziert worden."

▸ **NÖ-Landeshauptfrau** Hanni Mikl-Leitner gratuliert in Trasdorf Firmengründer Gerhard Rauch zum Erfolg der gleichnamigen Tullnerfelder Werkzeugschmiede. Dank rigoroser Einhaltung der Corona-Regeln und Teamwork in der Krisenzeit ist es CEO Anton Buresch bislang gelungen, die Umsätze auch im 50. Jubiläumsjahr zu sichern.

▸ **Laut Finanzminister** Gernot Blümel weitet sich die Affäre um mutmaßliche Steuertricks türkisch-islamischer Vereine aus. So sollen mit Spenden Zinshäuser gekauft oder via Reisebüros Pilgerfahrten nach Mekka vermittelt worden sein.

▸ **Papst Franziskus** legt Anfang Oktober mit einer rund 150-seitigen Enzyklika seine Vision von einer besseren Politik und einer solidarischen Gesellschaft vor. Der Name des Dokuments ist Programm, er lautet „Fratelli tutti" - auf Deutsch: „Alle Geschwister". Franziskus wendet sich gegen „aggressive Nationalismen".

▸ **Unfassbare Szenen** in einer Kirche im US-Staat Lousiana: Ein Augenzeuge ertappt einen Pfarrer, wie er auf dem Altar mit zwei Frauen Sex hat. Leugnen hat keinen Sinn, das Trio filmte sich.

Kronen Zeitung | NOVEMBER 2020

◉ Präsident Donald Trump will weitere vier Jahre im Weißen Haus in Washington regieren.

◉ Tief zerrissenes Amerika kürt seinen

Schicksalswahl

Die Welt blickt gebannt und mit wachsenden Sorgen auf die schwächelnde Supermacht USA! Ein auch durch Anti-Rassismus-Proteste nach tödlichen Polizeieinsätzen gegen Afro-Amerikaner tief gespaltenes Land wählt seinen neuen Präsidenten. Amtsinhaber Trump kämpft gegen den demokratischen Kandidaten Biden ums Weiße Haus.

Vier Jahre lenkt der mittlerweile 74-jährige einstige Immobilien-Mogul, damaliger Polit-Neueinsteiger, nun schon Amerikas Geschicke. Seine Bilanz ist gespalten: Internationale Partner stößt er bei Handels- und Sicher-

◉ Diese Szene sorgt für wütende Proteste in Amerika. Ein US-Polizist kniet auf dem Hals des Afro-Amerikaners George Floyd – er stirbt im Spital.

Bei den Protesten gegen Polizeigewalt geht dieses Foto um die Welt: Ein Ehepaar stellt sich schwer bewaffnet den Demonstranten entgegen. ◉

WAS UNS BEWEGTE — Kronen Zeitung

Michelle Obama hält eine emotionale Rede für den demokratischen Hoffnungsträger Joe Biden.

neuen Präsidenten ❯ Donald Trump gegen Demokraten-Gegenkandidat Joe Biden

Schlacht um das Weiße Haus!

heitsthemen vor den Kopf, das eigene Land ist zerrissener denn je zwischen glühenden Gegnern und fanatischen Anhängern Trumps.

Von umstrittenen tödlichen Polizeieinsätzen gegen Afro-Amerikaner samt Protesten unter dem Motto „Black Lives Matter" über US-Profi-Sportligen bis hin zu fehlenden Maßnahmen gegen Corona verschärfen die Situation. Im Kampf um das Weiße Haus steigt mit dem 78-jährigen Joe Biden ein alter Polit-Haudegen in den Ring. Trump selbst nennt seinen politischen Gegner verächtlich „sleepy Joe" (schläfriger Joe).

Der frühere Vize-Präsident unter dem zweimaligen Amtsträger Barack Obama gilt als Hoffnungsträger der Demokraten. Auch die ehemalige First Lady Michelle Obama hält eine aufwühlende Rede auf dem Parteitag der Demokraten für einen Wechsel zu Joe Biden: „Donald Trump ist der falsche Präsident für unser Land."

Durch die Virus-Pandemie liegt der Fokus diesmal verstärkt auf der Briefwahl. Die Aussagen von Trump in Richtung möglicher Wahlfälschungen sorgen für ein aufgeheiztes Klima. Eine Niederlage, da sind sich die Beobachter sicher, wird Donald Trump nur schwer oder gar nicht akzeptieren.

Symbol der Hoffnung: Ein US-Polizist kniet mit der „Black Lives Matter"-Bewegung

DEZEMBER 2020

Im Brennpunkt

DR. MED. WOLFGANG EXEL

Simulanten oder vielleicht nicht?

Die Rasanz der Fortschritte in der Medizin ist geradezu atemberaubend. In wenigen Jahren hat sich das Wissen um Diagnostik, Therapie, aber auch Vorbeugung von Krankheiten schneller entwickelt als in Jahrhunderten davor. Gefühlt im Schneckentempo bewegt sich hingegen die Psychosomatik dahin.

Vor allem, weil dieses relativ junge Fachgebiet (seit etwa 1935) nach wie vor oft missverstanden wird. Wer mit seinen Beschwerden auch nur in die Nähe der Psyche gerückt wird, fühlt sich als Simulant behandelt, als eingebildeter Kranker. Wer ist schuld?

Ich meine, dass vielen Ärzten die entsprechende Ausbildung fehlt, um die Signale von Patienten richtig zu deuten. Laut Studien kann es bis zu hundert Arztbesuche und rund sieben Jahre dauern, ehe Kranke mit seelischen Problemen endlich fachgerecht betreut werden.

Wir Journalisten können nur immer wieder darauf hinweisen, dass der Zusammenhang zwischen Körper und Seele ein klar fassbarer ist. Dass viele Beschwerden ganzheitlich zu betrachten und daher auch zu behandeln sind. Niemand soll sich dafür schämen, wenn sein Leid letztlich auf Stress beruht und nicht auf einer organischen Krankheit.

Cyber-Kriminelle dringen in Computersysteme ein und erpressen Ärzte und sogar Spitäler.

Computer-Hacker verlangen Lösegeld für gesperrte Systeme

Cyber-Angriffe auch auf unsere Gesundheitsdaten

Was für ein Schock: Nach dem Hochfahren des Computers poppt eine Drohung auf! Cyberkriminelle haben das gesamte System gesperrt und verlangen Lösegeld. Zu bezahlen in Bitcoins. Seit dem Beginn der Corona-Krise wurden so viele Angriffe auf Einrichtungen des Gesundheitswesens registriert wie nie zuvor.

„Diese Daten sind heiß begehrt und werden teuer gehandelt. Sogar die Ärztekammer war betroffen, hatte aber eine so gute Sicherung installiert, sodass kein Schaden entstanden ist", berichtet „Gesund"-Redakteurin Karin Podolak. Mittlerweile wird immer öfter gedroht, gestohlene Informationen von Ordinationen und Spitälern zu veröffentlichen.

Ein lukratives Geschäftsmodell, wie Philipp Amann vom European Cybercrime Centre erklärt: „Angetrieben wird alles durch eine Industrialisierung der Cyberkriminalität, dem ‚Crime-as-a-Service'-Modell, wo die Entschlüsselungs-Software von Kriminellen gekauft werden kann." Solchen Machenschaften kann man nur mit modernen Sicherheitssystemen, Mitarbeiterschulung, Backup-Strategien für heikle Patientendaten, bis hin zum Erstellen von Notfallplänen Einhalt gebieten.

Experten mahnen diesbezüglich mehr Bewusstsein bei Verantwortlichen ein.

Welternährungsprogramm wird ausgezeichnet:
Friedensnobelpreis an WFP

Der Friedensnobelpreis 2020 geht an das Welternährungsprogramm der Vereinten Nationen (WFP, World Food Programme). Die Auszeichnung erhält die UN-Organisation für ihren Kampf gegen den Hunger und ihren Einsatz in Konfliktgebieten.

„Das ist eine Anerkennung sowohl für die Mitarbeiter als auch die vielen freiwilligen Helfer", so WFP-Sprecher Thomson Phiri. Der Preis mit einer Dotierung von zehn Millionen schwedischen Kronen (950.000 €) wird am 10. Dezember in Oslo verliehen.

Die Vignette 2021 wird apfelgrün, kostet um 1,5% mehr und ist ab 1. Dezember gültig. Die Asfinag begründet die Verteuerung mit der Inflationsanpassung. Pkw-Lenker zahlen 92,50 € im Jahr; Motorradfahrer 36,70 €. Eine 10-Tages-Vignette für das Auto gibt es um 9,50 € und eine um Motorräder für 5,50 €.

Vater Karl von Habsburg: „Ein Geschenk"

Kaiserurenkelin mit Vollgas ins Eheglück

Eigentlich war eine kirchliche Feier geplant, doch Corona machte Eleonore Habsburg und Jérôme d'Ambrosio einen Strich durch die Rechnung. Aber deshalb auf die Bremse zu steigen kam für die Urenkelin von Kaiser Karl I. und den Formel-E-Piloten nicht in Frage.

„Und so gab sich das Paar im Sommer im Standesamt von Monaco das Jawort", wie Adabei-Sir Kálmán Gergely berichtet. Auf der Gästeliste war nur die engste Familie, wie Eleonores Eltern Francesca Thyssen-Bornemisza und Karl von Habsburg. Die große Hochzeitsfeier wollen die Schmuckdesignerin und der Rennfahrer natürlich nachholen.

Ein weiteres Fest gibt es rund um den Jahreswechsel: Als Clan-Chef feiert Karl von Habsburg seinen 60er. Schmunzelnd erklärte er die Hochzeit seiner ältesten Tochter zum wunderbaren Geburtstagsgeschenk. Anlässlich seines Wiegenfestes präsentiert der Kaiserenkel ein Buch, in dem er sich als Grenzgänger zwischen der Welt des Adels und der globalen Weltpolitik an prägende Momente seines Lebens erinnert. Aufgezeichnet vom „Kurier der Krone", Redakteur Christoph Matzl.

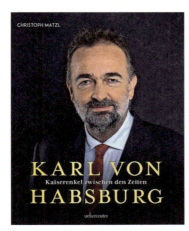
Papa Karl von Habsburg präsentiert zum 60er sein Buch.

Liebe auf der Überholspur: Eleonore und ihr Rennfahrer

Im völlig neuen Kleid erscheint die „Krone Bunt" anno 2020. Als buntes Magazin für die ganze Familie wird fortan der Österreichbezug noch mehr hervorgehoben. „Ein Themenschwerpunkt, der sich in den Geschichten über Menschen, Bräuche, Kulturgeschichte, Reisen und Natur wiederfindet", so Produktionsleiter Robert Loy. Entwickelt wurde das Design von einer Truppe rund um Kreativdirektorin Barbara Mungenast und Patrick Warger. Ebenso stolz auf ein Jahr „Krone Bunt Neu" ist Magazin-Chefin Edda Graf: „Wir starteten mit einem Schwerpunkt über starke Frauen. Und die gibt es bei uns übrigens schon lange: Das ‚Bunt-Team' besteht ausschließlich aus Frauen."

WIEN

▶ Fast nur Gewinner ▶ Debakel für FPÖ ▶ Strache kommt nicht in Gemeinderat

Stadt weiter rote Hochburg

Rot ist und bleibt die dominierende Farbe in Wien! SPÖ-Stadtchef Michael Ludwig legt auf über 41 Prozent zu und kann nun als Bürgermeister bequem zwischen drei Parteien als Partner wählen. Gewinner sind auch die ÖVP, die Grünen und die NEOS. Ein Debakel setzt es für die FPÖ, Strache kommt nicht in den Gemeinderat.

Die Gemeinderatswahl in Zeiten von Corona sieht vier Gewinner und zwei große Verlierer. Während Bürgermeister Michael Ludwig das Ergebnis seines Vorgängers Michael Häupl übertrifft und wieder locker die 40-Prozent-Marke schafft, kann die ÖVP nach dem historisch schlechtesten Wien-Ergebnis vor fünf Jahren ihre Stimmen mit Finanzminister Gernot Blümel als Spitzenkandidat auf 20,4 Prozent mehr als verdoppeln. Auch die Grünen mit Vizebürgermeistern Birgit Hebein (14,8 Prozent sind das beste Stadtergebnis bisher) und die NEOS mit Christoph Wiederkehr – sie überholen in Prozenten sogar die Blauen – freuen sich über Zugewinne.

Ebenso historisch ist der Rekord von 382.214 Wahlkarten und der Absturz aus lichten 30-Prozent-Höhen für die FPÖ. Wegen Ibiza, Spesenskandal, 101.000 daheim gebliebenen Wählern und „dank" dem gestürzten Ex-Parteichef als politischen Gegner aus dem eigenen Lager fallen die Freiheitlichen unter Dominik Nepp auf knapp über sieben Prozent. Einzige Genugtuung: Strache schafft kein politisches Comeback – er will auch nicht Bezirksrat sein.

Das „Krone"-Wahlteam mit Ressortleiter Michael Pommer, Maida Dedagic, Alexander Schönherr und Philipp Wagner berichtet am Wahlabend aus dem Rathaus. Wen sich der gestärkte SPÖ-Chef als Koalitionspartner anlacht, ist schon dort Gegenstand von Flirts.

Macht Ludwig mit den Grünen weiter, kommen gar die NEOS in der Stadtregierung zum Zug oder wird es eine Koalition von Rot und den türkis gefärbten Schwarzen? Es bleibt spannend.

// WIEN

Wahlen in Zeiten von Corona. Plexiglasschilder, Masken, desinfizierte Kugelschreiber – es gelten strenge Hygienevorschriften. Der SPÖ-Erfolg begründet sich auch auf die Rückeroberung der Gemeindebauten von der FPÖ mit absoluter Mehrheit. ▶

◉ Michael Ludwig mit Ehefrau Irmtraud – wen lacht sich der Stadtchef politisch an?

◀ Einen Sieg gibt es für Heinz-Christian Strache doch – allerdings wird er ihn wohl nicht groß feiern. Den „Krone"-Wahlkasperl für die meisten Dummheiten im Wahlkampf.

Bürgermeister Michael Ludwig (Bild Mitte) mit Christoph Wiederkehr (li.), Birgit Hebein, Dominik Nepp (im Hintergrund), Gernot Blümel (ganz re.) und Heinz-Christian Strache. Diskutiert wird mit dem geschäftsführenden „Krone"-Chefredakteur Klaus Herrmann und Puls24-Moderatorin Corinna Milborn. ▶

WAS UNS BEWEGTE | Kronen Zeitung

Das „Krone"-Wahlcover am Tag danach bringt das Ergebnis des Urnengangs auf den Punkt

Wien ist anders

MICHAEL POMMER

Nicht vergeuden

Mit der Nachfolge von Michael Ludwig auf Michael Häupl hat uns die Wiener SPÖ keinen Gefallen getan. Das liegt weniger an der Person selbst noch an dessen Politik, sondern schlichtweg am Vornamen. Die Liste jener Kommentatoren, Politiker, Journalisten, Meinungsforscher und Politologen, die lange Zeit von Pensionär Michael Häupl gesprochen haben, wenn längst der amtierende Bürgermeister gemeint war, ist so lange wie die Stadtverfassung.

So gesehen ist Ludwig spätestens mit der Wahl am 11. Oktober 2020 der Abnabelungsprozess (bitte nicht bildlich vorstellen!) gelungen. Mittlerweile muss man schon aufpassen, dass man nicht Ludwig sagt, wenn man Häupl meint. Nun muss sich diese Veränderung nur noch in der Tagespolitik bemerkbar machen.

Es lebt die Hoffnung, dass Sie in ein paar Jahren dieses Schlagzeilenbuch in Händen halten und sagen: „Meine Güte, Corona, zum Glück ist das vorbei." Jetzt sind wir noch mittendrin. Die Stadtregierung hat sich der Bewältigung dieser Krise versprochen und das hat oberste Priorität.

Aber es kommt die Zeit danach – und da fehlen noch die großen Visionen. Das Wahlprogramm der SPÖ liest sich wie ein altes „Guinness-Buch der Rekorde", das man in einer Kiste im Keller gefunden hat. Spektakulär war das gestern. Auch der Koalitionspartner hielt sich mit Visionen großzügig zurück. Die Regierung muss nach der Pandemie raus aus dem Verwaltungsmodus und rein in eine Phase der mutigen Ideen. Vergeudet die fünf Jahre nicht!

WIEN

Ludwig lässt Traum seiner Vizebürgermeisterin Hebein kurz vor der Wahl platzen:

(K)eine „autofreie" Innenstadt

Es wäre so schön gewesen: Die grüne Stadt-Parteichefin und Vizebürgermeisterin Birgit Hebein präsentiert mit dem schwarzen City-Bezirksvorsteher Markus Figl ihr Verkehrskonzept für eine „autofreie" Innenstadt. Ohne die Rechnung freilich mit Bürgermeister Michael Ludwig zu machen – er lässt die Öko-Träume vor der Wahl platzen.

In einem vom Magistrat erstellten Rechtsgutachten seien zahlreiche Bedenken geäußert worden, argumentiert der Stadtchef. So wäre vorliegende Verordnung kompetenzwidrig. Auch das Sachlichkeitsprinzip sei verletzt. Um eine Regelung auf ein Gebiet zu beschränken, müsse nämlich eine Gefahrensituation vorliegen, die nur in dem Bereich bestehe. Die Situation in dem Bezirk unterscheide sich laut den juristischen Experten aber nicht von jener in den angrenzenden Stadtteilen.

Die grüne Vizebürgermeisterin reagiert enttäuscht auf das Ende ihres Projekts für eine verkehrsberuhigte Innenstadt: „Das ist eine mutlose Entscheidung des Herrn Bürgermeisters." Damit ist Hebeins Traum vom „Aufbruch in die autofreie Zeit ohne Abgase im ältesten Teil von Wien" geplatzt.

Hebein und Figl bei Präsentation des Konzepts für eine autofreie Innenstadt

Die „Schnitzel-Gutscheine" gehen weg wie warme Semmeln

Stadt schenkt jeden Haushalt bis zu 50 Euro:

„Schnitzel-Gutschein" ist Renner in Gastro

Wahlkampf geht durch den Magen. Deshalb startet Bürgermeister Michael Ludwig mit der Wiener Wirtschaftskammer eine Aktion für die gebeutelte Gastronomie der Stadt. 940.000 Haushalte erhalten per Post Gutscheine im Wert von 50 Euro für Mehrpersonen- bzw. 25 Euro für Einpersonen-Haushalte. Zwischenbilanz: Bis Herbst werden mehr als 611.000 Gutscheine eingelöst, das entspricht rund zwei Drittel. Insgesamt fließen so bisher 23 Millionen Euro in die Kassen der rund 3.700 teilnehmenden Wirtshäuser, Cafés & Co.

BUNDESLAND IN KÜRZE

● **Eistraum verweht**
Sturmtief „Petra" fegt im Februar über Österreich und auch Wien hinweg. Der Eistraum vor dem Rathaus muss – auch aufgrund der hohen Temperaturen von bis zu 18 Grad – vorübergehend gesperrt werden.

● **Wirbel um Radwege**
Auch dieses Öko-Projekt der Grünen sorgt für Wirbel: Um mehr Platz für Radfahrerinnen und Radfahrer zu schaffen, werden auf einigen Straßen temporäre Radfahrstreifen errichtet.

WAS UNS BEWEGTE

Die Zunge zeigt das putzige Eisbären-Mädchen zwischen den sicheren Beinen seiner großen Mutter den Besuchern im Wiener Tiergarten Schönbrunn. Während seine Artgenossen durch den Klimawandel immer mehr an Lebensraum verlieren, kann sich „Finja" („Die Schöne") in ihrem Gehege austoben und ist ein echter Publikumsliebling. Trotz dem heuer nicht gerade einfachen Corona-Jahr nimmt der Zoo 23,5 Millionen Euro in die Hand und erweitert die Elefantenanlage.

◉ Grünes Pop-up-Projekt kostet 150.000 Euro ◉ Plötzliches Aus für Plansch-Spaß

Gürtelpool: Wasserbegräbnis

Den 150.000 Euro teuren Gürtelpool der Grünen finden nicht alle Wiener cool. Das mitten auf einer Kreuzung aufgestellte Schwimmbecken spaltet die Bürger. Das Planschen ist dann jäh zu Ende: Die Gürtelfrische West findet ein Wasserbegräbnis.

Die grüne Vizebürgermeisterin Birgit Hebein hat sich für den Pool (von eingefleischten Fans) feiern lassen, und auch Bezirksvorsteher Gerhard Zatlokal von der SPÖ schaffte es mit diesen rührenden Worten in die „Berliner Zeitung": „Das ist keine Aktion gegen Autofahrer, sondern eine Aktion für Menschen."

Also will Zatlokal nach dem geplanten Ende der Aktion am 30. August den Pool quasi im bezirkseigenen Garten, nämlich im Auer-Welsbach-Park, errichten lassen. Neue Kosten: weitere 80.000 Euro. Doch von der MA 53 der Stadt – also der Presse- und Informationsdienst Wiens – gibt es kein Geld für den Spaß.

„Krone"-Redakteurin Viktoria Graf nahm heimlich eine Wasserprobe. Ein Richtwert war schon am Vormittag überschritten. Gründe: Viele brausen sich vorher nicht ab und Autoabgase.

◉ **Stadtrecht aus Römerzeit**
Eine lange gehegte Vermutung ist nun Gewissheit: Das älteste Stadtrecht Wiens stammt offenbar schon aus der Römerzeit und ist damit rund 1.000 Jahre älter als das bisherige „älteste Stadtrecht" aus dem Mittelalter.

◉ **Kreuz im Krankenhaus**
Spital und Kreuz, das gehört in Österreich vielfach noch zusammen. Nicht aber im neuen Krankenhaus Nord. Man wolle mit religiösen Symbolen im Zimmer nicht andere Konfessionen diskriminieren.

NIEDERÖSTERREICH

◁ Mitten drin: Die Wahl in der „Krone". Direkt bei den Bürgerinnen und Bürgern ist unsere starke Mannschaft mit den Redakteuren Mark Perry, Thomas Werth, Lukas Lusetzky, Nikolaus Frings, Sandra Ramsauer, Veronika Wunderbaldinger, Martin Bernscher, Christoph Weisgram und Josef Poyer (im Bild aus der Redaktion am Riemerplatz in St. Pölten von li. nach re.). Auch das „Krone"-Fotografen-Team ist mit Gabriele Moser, Doris Seebacher, Franz Crepaz, Imre Antal sowie Gregor Semrad an diesem Wahlsonntag im Einsatz.

> Gemeinderatswahlen > ÖVP kann sich als „Bürgermeister-Partei" behaupten:

Ein Land in schwarzer Hand

Niederösterreich hat gewählt! Und kurz gesagt: Ein Land bleibt in schwarzer Hand. In zahlreichen der 567 Kommunen kann sich die ÖVP als „Bürgermeister-Partei" behaupten. Die SPÖ muss einige Hochburgen an die Volkspartei abgeben. Die „Krone" berichtet mit einem starken Team über den spannenden Wahlsonntag.

Nach den Gemeinderatswahlen in Niederösterreich hat sich die politische Landkarte im flächenmäßig größten Bundesland noch schwärzer eingefärbt. „Die Volkspartei bleibt mit 52,7 Prozent der Stimmen in Poleposition, die SPÖ verliert leicht", wie „Krone"-Niederösterreich-Chef Lukas Lusetzky analysiert.

Die Freude bei der ÖVP wird durch drei historische Ergebnisse in bisherigen SPÖ-Hochburgen noch größer. So holt sich die „Bürgermeister-Partei" bei diesem Urnengang erstmals in Gmünd Platz eins. Die amtierende Bürgermeisterin Helga Rosenmayer fährt mit 59,32 Prozent – und damit einem Plus von 16,40 Prozent – einen Erdrutschsieg ein. Noch bis 2010 hatte die SPÖ mit absoluter Mehrheit die Stadt regiert.

Auch in Amstetten, wo zuletzt noch die Roten am stimmenstärksten waren, ist man nach mehr als 50 Jahren jetzt vorne. Der neue Stadtchef Christian Haberhauer löst nach zehn Jahren Ursula Puchebner ab. Diese verlässt daraufhin fluchtartig das Rathaus, stellt sich nicht einmal mehr den Fotografen.

Und in Wiener Neustadt verdrängt die ÖVP mit Klaus Schneeberger nach sogar 75 Jahren die SPÖ von der Spitze. Die einzige Bezirkshauptstadt, die nach diesen Wahlen noch eine SPÖ-Mehrheit hat, bleibt Bruck.

Außerdem hat die Volkspartei in vielen kleinen Gemeinden Grund zum Jubeln. Landeshauptfrau Johanna Mikl-Leitner spricht daher von einem „Tag der Freude". Für Bundeskanzler Sebastian Kurz ist das Wahlergebnis ein Beweis, dass der türkise Weg bei den Menschen ankommt".

Die Bilanz nach vielen spannenden Stunden am Ende dieses Wahlsonntags: In 402 Gemeinden hält die ÖVP die absolute Mehrheit, in 38 die relative. Die SPÖ kann noch in 81 Rathäusern allein regieren, in 35 Orten als Nummer 1 mit einem Partner. In neun Gemeinden werden Bürgerlisten den Bürgermeister stellen.

WAS UNS BEWEGTE

WAHL 2020
NIEDERÖSTERREICH

24 SEITEN BERICHTE

- ÖVP absolut
- ÖVP relativ
- SPÖ absolut
- SPÖ relativ
- Sonstige absolut
- Sonstige relativ
- Nicht gewählt

SCHWARZ PRÄGT DAS WEITE LAND

Die Stunde der Sieger: Klaus Schneeberger (ÖVP) konnte bei der Gemeinderatswahl in Wiener Neustadt mit 45,01 Prozent einen Sieg einfahren (li.). In Amstetten feierten gestern am Abend ÖVP-Spitzenkandidat Christian Haberhauer und sein Team (Mitte). In Gmünd im Waldviertel ließ die schwarze Politikerin Helga Rosenmayer die Korken knallen (re.).

⊙ Das Wahlcover der „Krone"-Niederösterreich zeigt eindrucksvoll, wie sich die politische Landkarte im flächenmäßig größten Bundesland noch schwärzer eingefärbt hat. Der Triumph der „Bürgermeister-Partei" bei den Gemeinderatswahlen freut auch den türkisen Kanzler. Das Ergebnis zeigt auch klar: Lokalpolitiker die anpacken und Projekte umsetzen, werden auch gewählt.

Kommentar

LUKAS LUSETZKY
lukas.lusetzky@kronenzeitung.at

Nur wer heute wählt, der zählt

„Auf mich kommt es nicht an" – dieser Gedanke ist heute ganz falsch! Es kommt auf jede einzelne Stimme der 1.459.044 Wahlberechtigten an. Denn bei den „567 Einzelwahlkämpfen" entscheiden oft wenige Stimmen über die Verschiebung eines Mandates im Gemeinderat. Wahlverdruss ist schon bei überregionalen Urnengängen eine schlechte Sache. Heute sollten die Verweigerer auf jeden Fall doch aus der warmen Stube ins nächste Wahllokal gehen. Denn die Politik in den Städten und Orten betrifft unmittelbar alle Bürger. Immerhin entscheiden in den kommenden fünf Jahren die heute gekürten Gemeinderäte, welche Grundstücke umgewidmet, welche Kindergärten und Schulen ausgebaut, wo Straßen saniert, Kulturzentren errichtet, neue Öko-Projekte verwirklicht oder Kanal-Pläne umgesetzt werden.

Heute schlägt natürlich auch die Stunde der Bürgerlisten. 207 unabhängige Listen treten an, in Amstetten stehen so beispielsweise gleich neun wahlwerbende Gruppen auf dem Stimmzettel. Bei dieser Wahl können solche Alternativen auch am meisten punkten. Denn für Gemeindepolitik im Kleinen benötigt man keine großen Parteiapparate, wie sie für Bundes- und Landeswahlen notwendig sind.

Eines noch, bevor auch Sie wählen gehen: Es gab schon schreckliche Zeiten, in denen Bürgerinnen und Bürger nicht oder nur eingeschränkt wählen konnten. Damit das nie wieder passieren kann, zählt jede Stimme – auch heute!

NIEDERÖSTERREICH

> Ex-Polizeichef einer der Vorstände > 27.000 (!) Mitarbeiter unter einem Dach:

Gesundheit aus einer Hand

Es passt gut zu einer Zeit, in der die Gesundheitsversorgung ohnehin Top-Thema ist: Niederösterreichs Landeschefin präsentiert die neuen Geschäftsführer der Landes-Gesundheitsagentur. „Sie sollen künftig Krankenhäuser und Landesheime unter einem Dach bestmöglich lenken", erklärt Johanna Mikl-Leitner.

Das beste Rezept für die aktuellen Herausforderungen: 27 Krankenhäuser sowie 48 Pflege-, Betreuungs- und Förderzentren sollen unter einem organisatorischen Dach geführt werden.

Den Startschuss dafür gab Ende des vergangenen Jahres der Landtag. Seither wird eine Mega-Organisation aufgebaut. Im Endausbau werden in Summe rund 27.000 Mitarbeiterinnen und Mitarbeiter gemanagt, wobei rund 13.600 Spitals- und Pflegebetten zur Verfügung stehen werden.

Mit 1. Juli übernimmt die Agentur offiziell die Betriebsführerschaft über die Häuser. Gelenkt wird sie von den beiden Vorständen Konrad Kogler, der als Niederösterreichs Landespolizeidirektor ins Gesundheitsfach wechselt, und Helmut Krenn. Ebenfalls mit dabei ist als Direktor für Medizin und Pflege Markus Klamminger.

Die Agentur, die „das größte Reformprojekt der 2. Republik in Niederösterreich" ist, will „Vorbild sein", betont Landeshauptfrau Johanna Mikl-Leitner. Und meint weiter: „Die Themen Gesundheit und Pflege sind die wichtigsten Herausforderungen der Zukunft. Kein Bundesland hat einen so innovativen und mutigen Schritt gesetzt."

Ex-Polizeichef Konrad Kogler abschließend: „Wir wollen unter dem Motto ‚Gesund und gepflegt ein Leben lang' die Bürgerinnen und Bürger den gesamten Lebenszyklus begleiten."

Seuchen-Einheit bereit

Es kann jederzeit passieren: Touristen infizieren sich im Urlaub mit hoch ansteckenden Viren, kehren nichts ahnend nach Österreich zurück – Seuchen-Alarm! Rotes Kreuz und Samariterbund haben nun mit dem Land eine Spezialeinheit für den Transport solcher Patienten gegründet. An vier Standorten stehen Teams bereit. Damit ist jedes Landesviertel im Ernstfall für den Seuchen-Trupp rasch erreichbar. „Bereits bei der Ebola-Krise vor fünf Jahren wurden erste Vorkehrungen für solche Fälle getroffen", so Gesundheitslandesrätin Ulrike Königsberger-Ludwig. Jetzt geht man einen Schritt weiter.

BUNDESLAND IN KÜRZE

> **Martyrium für Tochter**
Rot geschminkte Lippen seiner Tochter lassen einen Familienvater in Krems auch rot vor Wut sehen. Die verprügelte junge Frau flüchtet – und schildert der Polizei ein jahrelanges Martyrium.

> **Attacke auf Jesuskind**
Kopfschütteln über eine frevelhafte Attacke in Pottendorf im Bezirk Baden. Nächtliche jugendliche Rowdys schlagen dem Jesuskind in der hölzernen Krippe die kleinen Hände ab.

WAS UNS BEWEGTE | Kronen Zeitung

Niederösterreichs Landeshauptfrau Johanna Mikl-Leitner bei der Präsentation des neuen Vorstands der Gesundheitsagentur

Frau in Rollstuhl aus Gefahrenzone gebracht:

Stadtchef bei Brand als Retter in höchster Not

Dramatische Szenen spielen sich bei einem Küchenbrand in Ternitz ab: Die Besitzerin des Hauses – sie sitzt im Rollstuhl – kann sich mit letzter Kraft ins Freie retten. Dort ist Bürgermeister Rupert Dworak zur Stelle und bringt das Opfer aus der Gefahrenzone in Sicherheit.

Als der Stadtchef zum Einsatzort eilt, trifft er auf die geschockte Bewohnerin. Rupert Dworak bringt die Hausbesitzerin im Rollstuhl in einer nahen Gärtnerei in Sicherheit und kümmert sich bis zum Eintreffen der Hilfsmannschaften um sie.

Indes beginnt der Sicherheitspartner der Stadt, Gerhard Zwinz, der selbst Feuerwehrmann ist, am Ort des Geschehens mit ersten Löscharbeiten. Die Brandursache: Ein Styroporbehälter auf dem eingeschalteten Herd hatte Feuer gefangen.

Rupert Dworak (re.) mit einem Feuerwehrmann.

Vorsichtige Freude bei St. Pöltens Stadtchef Matthias Stadler. In der Causa um missglückte Zinswetten auf Schweizer Franken erhebt die Staatsanwaltschaft keine Anklage.

Ermittlungen zu Zinswetten werden eingestellt:

Stadler siegt in Swap-Causa

Der wohl brisanteste Finanzkrimi des Landes ist entschieden. Die Ermittlungen gegen den St. Pöltner SPÖ-Stadtchef Matthias Stadler in der Causa Swap (missglückte Zinswetten auf Schweizer Franken) werden eingestellt! Das bestätigt René Ruprecht von der Wirtschafts- und Korruptionsstaatsanwaltschaft gegenüber der „Krone". Bei der städtischen Volkspartei sorgt die Entscheidung indes für Ärger. „Die großen Fische lässt man laufen, die kleinen zahlen die Zeche."

Einsatzreiches Jahr

Tausende Einsätze bewältigen die Florianis in Niederösterreich jedes Jahr. Darunter spektakuläre Flurbrände (li.) aber auch tierische Rettungsaktionen wie hier bei einer Sau im Pool (re.).

BURGENLAND

▸ Fast 30 Jahre Bilanz-Fälschung ▸ Fußballklub Mattersburg in Konkurs ▸ Schock

Bankskandal: 690 Millionen

„Es hat nie wer gefragt, woher das Geld kommt!" – so die Lebensbeichte von Bankvorstand und Fußballmäzen Martin Pucher nach dem Platzen des riesigen Skandals bei der Commerzialbank. Seit 1992 soll er Bilanzen gefälscht haben. Der Schaden: bis zu 690 Millionen Euro. Auch der Fußballklub Mattersburg geht in Konkurs

„Fast 30 Jahre soll der Top-Manager die Bücher der Banken mit fiktiven Krediten und erfundenen Guthaben aufgebläht haben", recherchieren die „Krone"-Redakteure Erich Vogl und Karl Grammer. Schließlich macht die Finanzmarktaufsicht das Geldinstitut dicht. Doch bis dahin ist der Schaden schon angerichtet: Viele Gemeinden und Unternehmen bangen um ihre Sparguthaben. Die Einlagensicherung der Republik zahlt nur bis zu 100.000 Euro aus. Aufgrund ausbleibender Gelder von Fußballmäzen Pucher muss der SV Mattersburg den Konkurs beantragen.

Auch für die Politik ist der Bankskandal ein Schock. Landeshauptmann Hans Peter Doskozil geht in die Offensive. Er weist in einer emotionalen Pressekonferenz jede Schuld der SPÖ von sich und wettert gegen das zu langsame Vorgehen der Behörden bzw. über einen Bericht, wonach kurz vor der Sperre das Regionalmanagement Burgenland noch einen Millionenbetrag überweisen wollte.

Doch der Schuss geht teils nach hinten los: Denn tatsächlich wurde der Buchungsversuch von der Finanzmarktaufsicht gestoppt. Zudem tritt Sozial-

 // BURGENLAND

Bankchef- und Fußballpräsident Pucher (links). Der Skandal stürzt den SV Mattersburg in Konkurs.

WAS UNS BEWEGTE

für Landespolitik
weg!

und Wirtschaftslandesrat Christian Illdesits wegen eines Goldgeschenks zurück. Es geht um ein Präsent vom SV Mattersburg im heutigen Wert von rund 5.400 Euro zum 60. Geburtstag. Sein Nachfolger ist Leonhard Schneemann.

In Folge kommt es zu einer wochenlangen politischen Schlammschlacht. Während Doskozil von „schwarzen Netzwerken" rund um die Commerzialbank spricht, sieht die ÖVP die Verantwortung beim Landeshauptmann.

Die Pleite der Commerzialbank schockt auch die Politik. Landeshauptmann Doskozil gerät unter Beschuss. Er kritisiert das langsame Vorgehen der Behörden und spricht von „schwarzen Netzwerken" rund um das Geldinstitut.

BURGENLAND

Betrifft Österreich
KLAUS HERRMANN

Sieger & Verlierer

Jetzt freuen sich irgendwie alle. Die SPÖ sowieso: sensationell dazugewonnen im Burgenland. Die ÖVP: ein bissl zugelegt im Burgenland, erfolgreich bei den Gemeinderatswahlen in Niederösterreich. Die Freiheitlichen bemühen sich, sich zu freuen, weil es immerhin ja das viertbeste Ergebnis im Burgenland sei. Die Grünen zufrieden, weil sie auch dazugewonnen haben.

Aber: Dieser Wahlsonntag war vor allem ein Tag der Verlierer. In der SPÖ hat der Sieg von Hans Peter Doskozil, der im Burgenland ganz bewusst als Liste Doskozil geworben und gewonnen hat, Bundesparteiobfrau Rendi-Wagner nicht wirklich gestärkt. Sie war, wie geunkt wurde, zum ersten Mal seit Monaten ins Burgenland zu Sieger Doskozil gepilgert. Der Landeshauptmann, trotz lädierter Stimmbänder schon lange laute Stimme in der Partei, hat sich mit seinem Sieg zur stärksten Stimme der Sozialdemokraten katapultiert. Ohne ihn wird künftig nichts mehr gehen. Und auch wenn Doskozil am Sonntag nochmals deponierte, im Burgenland zu bleiben: Er muss gar nichts sagen – es reicht, mit dem Finger zu schnippen, und schon steht er an der Spitze seiner Bundespartei.

Garantiert scheinen nun anhaltende Diskussionen innerhalb der SPÖ. Bei den Freiheitlichen sowieso, die stürzen sogar im Heimatland von Bundesobmann Hofer dramatisch ab. Die Bäume der Grünen wachsen auch nicht in den Himmel. Und so spielt wieder einmal, auch wenn seine Partei gestern ein schwaches Ergebnis einfuhr, alles einem in die Hände: Strahlekanzler Sebastian Kurz!

Endergebnis mit Wahlkarten (Angaben in Prozent, Werte gerundet) — Wahlbeteiligung: 74,94%

So hat das Burgenland gewählt

Partei	2020	Diff.	2015	Stimmen
SPÖ	49,9	+8,0	41,9	92.633
Die neue Volkspartei	30,6	+1,5	29,1	56.728
FPÖ	9,8	-5,2	15,0	18.160
Grüne	6,7	+0,3	6,4	12.466
LBL	1,3	-3,5	4,8	2336
neos	1,7	-0,6	2,3	3177

› FPÖ als Regierungspartner abgewählt › SPÖ regiert allein

Doskozil schafft Sensation und erobert Absolute im Burgenland

Hans Peter Doskozil ist der Name des alten und des neuen Landeshauptmannes im Burgenland. Aber nicht nur das. Dosko – wie der SPÖ-Politiker genannt wird – erringt bei der Wahl mit einem Stimmenzuwachs von 8 Prozent einen Erdrutschsieg (49,9%) und holt die Absolute!

Somit konnte die SPÖ Burgenland zeigen, dass mit den richtigen Themen und den richtigen Personen eine Trendumkehr möglich ist. Ganz im Bundestrend fällt das FPÖ-Ergebnis aus: Die Blauen verlieren 5,2%. Nach dem Debakel tritt Johann Tschürtz als Parteichef zurück. Trotz Unterstützung von Kanzler Sebastian Kurz kann die ÖVP nur 1,5% zulegen (30.6%). Bei den Grünen reicht es nur zu mageren 0,3% Zuwachs. Und wieder nicht geschafft haben es die Neos. Die SPÖ-Burgenland jedenfalls bildet nach Erlangen der absoluten Mehrheit eine Alleinregierung mit ihrem bisherigen Regierungsteam. Die Landesregierung wird wie geplant von bisher sieben auf fünf Mitglieder verkleinert.

Für Hans Peter Doskozil bedeutet der Triumph viel. Auch Parteichefin Pamela Rendi-Wagner reist an, um Dosko zu gratulieren.

BUNDESLAND IN KÜRZE

WAS UNS BEWEGTE

Ein „Reblaus-Rowdy" wütet in den Weingärten der Winzer von Illmitz. Der Unbekannte treibt sein Unwesen sogar am helllichten Tag und durchtrennt Drähte und Bewässerungsschläuche. „Es sind verschiedenste Betriebe betroffen, große wie auch kleine", berichtet Winzer Helmut Lang (Bd. re.). Bei ihm wurden vom Vandalen Bewässerungsverbindungen (Foto) durchtrennt. Und bei Winzerkollegen Thomas Malloth zwickte der Verdächtige, der sich offenbar gut im Weinbau auskennt, gleich 130 Rebstöcke ab. Die Polizei patrouilliert, aber der „Reblaus-Rowdy" bleibt ein Phantom.

Mineralwasserhersteller schlitterte in die Insolvenz
Güssinger unterm Hammer Wasserflaschen zu haben

Im Niedergang des südburgenländischen Mineralwasserherstellers wird im Oktober das letzte, eher traurige Kapitel aufgeschlagen: Nach der Insolvenz kommen die letzten verbliebenen Stücke aus der Sulzer Firma unter den Hammer.

„Güssinger war nach der Auslistung bei einem Großabnehmer ins Trudeln geraten und in die Insolvenz geschlittert. Rettende Mittel des Eigentümers blieben aus, eine Sanierung scheiterte", so analysiert Redakteur Christoph Miehl das wirtschaftliche Aus, „versteigert werden über eine Online-Auktion unter anderem Stahltanks und palettenweise Wasserflaschen." Und für alle Schnäppchenjäger gibt es bei der Güssinger-Versteigerung im Netz auch beliebte Raritäten wie Werbeschilder, Bilder oder Urkunden der mehr als zwei Jahrhunderte alten Firma.

Ein Stück Güssinger – von Wasserflaschen über Abfüllanlagen bis zu Edelstahltanks – sind bei der Online-Auktion aus der Sulzer Firma zu erwerben.

▶ Überschwemmungen
Enorme Schäden hinterlassen Wassermassen im August nach einem Unwetter im Bezirk Jennersdorf. Bei Grieselstein wird gar ein Taxi von den Fluten mitgerissen, die Insassen können gerettet werden.

▶ Ort zahlt keinen Cent
„Genug ist genug", sagt Bürgermeister Bernd Strobl und stellt alle Zahlungen an das Land ein. Seit vier Jahren wartet die Gemeinde Ollersdorf auf Förderungen für Güterwege- und Straßenprojekte.

STEIERMARK

› Schock in jüdischer Gemeinde in Graz › Eli Rosen mit einem Baseballschläger

Gewalt-Attacke auf Präsident

⌃ Präsident Rosen wird vor der Synagoge in Graz mit einem Baseballschläger attackiert. Der Gewalttäter flüchtet mit dem Rad (re.)

 // STEIERMARK

Entscheidung über steirischen Gemeinderat

Mit Sicherheit wählen in Zeiten der Virus-Krise

Eigentlich hätte am 22. März in 285 steirischen Kommunen (alle außer Graz) ein neuer Gemeinderat gewählt werden sollen. „Doch dann kam Corona – und die Wahl musste verschoben werden, ein historischer Schritt", so „Krone"-Steiermark Chef vom Dienst Jakob Traby.

Am 28. Juni wird der Urnengang unter strengen Hygienemaßnahmen nun nachgeholt. Die Wähler müssen einen eigenen Kugelschreiber mitbringen, laufend wird desinfiziert, die Maske ist allgegenwärtig. Großer Wahlsieger: die ÖVP mit 47,2 Prozent der Stimmen. Bitter nur: Nach einer Debatte um Zweitwohnsitze verliert die Volkspartei in der grünen Mark den Bürgermeister in den Skihochburgen Schladming und Haus im Ennstal.

Die SPÖ legt leicht auf 31,9 Prozent zu und hält die obersteirischen Industriehochburgen. Und bei der FPÖ geht die Talfahrt weiter: nur noch 8,2 Prozent.

⌃ Eigener Kugelschreiber, Masken, strenge Hygienmaßnahmen: Das Bild von der heurigen Gemeinderats-Wahl.

WAS UNS BEWEGTE | Kronen Zeitung

angegriffen › Verdächtiger Syrer gefasst
vor Synagoge

Die Steiermark steht unter Schock: Der Präsident der Grazer jüdischen Gemeinde, Eli Rosen, wird vor der Synagoge der Stadt mit einem Baseballschläger attackiert. Staatsschützer können als Verdächtigen des bedenklichen antisemitischen Angriffs einen 31-jährigen syrischen Flüchtling ausforschen und festnehmen.

„Es ist der dritte Vorfall bei der Grazer Synagoge binnen einer Woche", schildern die „Krone"-Redakteurinnen Monika Krisper und Eva Stockner. Nach Steinwürfen auf das jüdische Gotteshaus und pro-palästinensischen Parolen auf der Mauer wird der Präsident der Kultusgemeinde von einem vorerst Unbekannten mit dem Baseballschläger attackiert. Er kann aber gerade noch in sein Auto flüchten und bleibt unverletzt.

Während die Politik den antisemitischen Angriff scharf verurteilt, ermitteln Staatsschützer auf Hochtouren. Mit Erfolg: Der auf einem Fahrrad flüchtende Verdächtige kann gefasst werden. Bei ihm handelt es sich um einen Syrer (31), der vor sechs Jahren als Flüchtling nach Österreich kam.

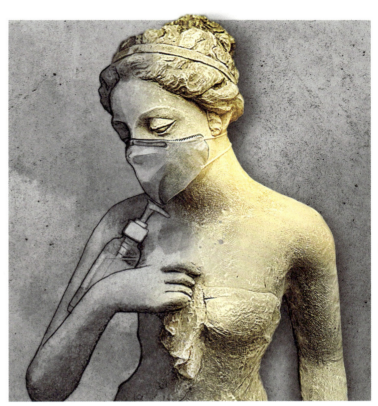

So könnte eine der „Corona-Skulpturen" aussehen

Als auch die ganze Steiermark still stand:
Denk- und Dankmäler zur Erinnerung an Lockdown

In den Köpfen der Steirer wird noch lange der Lockdown lebendig bleiben. Damit die Erfahrungen aber nicht nach zwei oder drei Generationen verblassen oder gänzlich aus dem kollektiven Gedächtnis verschwinden, errichtet das Land nach einer Idee der „Steirerkrone" Denk- und Dankmäler zur Erinnerung an die schwerste (Gesundheits-)Krise nach dem Zweiten Weltkrieg. Die Ausschreibung ist ein riesiger Erfolg: 220 Kunstschaffende reichen 300 Vorschläge ein – die von der Jury ausgewählten Werke werden im Frühjahr 2021 enthüllt.

Es ist leider traurige Realität: Überall werden schützenswerte historische Gebäude abgerissen – allein in Graz sind es 162 in nur zwei Jahrzehnten. Die Bauwut geht vielerorts zu weit und zu Lasten des kulturellen Erbes. Die „Krone" hat daher die Initiative „Retten wir die steirischen Schätze!" (im Bild die Froschkönigvilla in der Landeshauptstadt) gestartet, um Bewusstsein für unsere historischen Baudenkmäler zu schaffen und diese auch für nächste Generationen zu bewahren.

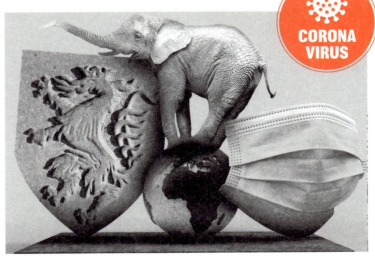

Babyelefant und Maske als Erinnerung an die große Krise

STEIERMARK

Nach dem umstrittenen Kuhurteil (Teilschuld für Tiroler Bauern am Tod einer deutschen Urlauberin) riegelt der steirische Landwirt Hannes Willingshofer seine Alm für Wanderer ab. „Warum soll der Bauer immer schuld sein. Das ist Selbstschutz", will er im Interview mit „Krone"-Redakteurin Hannah Michaeler aufrütteln. Nach dem medialen Echo sieht Willingshofer sein Ziel erreicht und sperrt wieder auf.

> Wahnsinnstat in Graz > Zweifache Mutter ist Zufallsopfer

„Verspürte Drang zum Stechen"

Weil er – so seine Aussage im Gericht – „den Drang zum Stechen verspürte", muss eine zweifache Mutter in Graz als Zufallsopfer ihr Leben lassen. Der psychisch Kranke sticht 19-mal auf die 33-Jährige ein.

Der Angeklagte wollte nur eines: jemanden töten. Egal wen. „Die Stimmen sagten, dass ich mir und anderen wehtun soll. Und dann hab ich sie gesehen. Ich verspürte einen Drang zum Stechen", so das erschütternde Geständnis des jungen Mannes (28) beim Prozess.

Sieben Stunden kämpfen Ärzte im Spital um das Leben der zweifachen Mutter, verabreichten ihr bei den vielen Not-Ops 60 Blutkonserven. Vergebens. Die bildhübsche Steirerin stirbt. Weil weitere schwere Straftaten aufgrund der psychischen Erkrankung des Verdächtigen nicht ausgeschlossen werden können, wird er in eine Anstalt für geistig abnorme Rechtsbrecher eingewiesen.

Ein Kerzenmeer erinnert am Tatort an die zweifache Mutter

Schicht im Schacht: Aus für Kohle...

In der Steiermark endet eine historische Energie-Ära. Der Verbund legt das letzte Kohlekraftwerk Österreichs in Mellach still. Erbaut zwischen 1983 und 1986 hat Mellach vor allem den Großraum Graz mit Fernwärme versorgt. Umweltministerin Leonore Gewessler freut sich: „Das ist ein weiterer Schritt zum Ausstieg aus fossilen Energien. Bis 2030 werden wir zu 100 Prozent auf Ökostrom umstellen." Das Kraftwerksgebäude wird aber nicht dem Erdboden gleichgemacht, sondern auf Betrieb mit Erdgas umgerüstet.

BUNDESLAND IN KÜRZE

> **Keine Anklagen**
Knalleffekt in der Causa GAK! Keiner der Ex-Präsidenten des Fußballklubs muss sich vor Gericht verantworten – ihre Verfahren werden nach 13 Jahren Ermittlungen eingestellt.

> **Unwetter in Serie**
Tausende Feuerwehrleute sind im Sommer im ganzen Land bei Unwetter mit Milionenschäden im Einsatz. Besonders spektakulär: Das Dach eines Schul-Turnsaals (Bild) wird abgedeckt.

WAS UNS BEWEGTE

Meilenstein für das Mega-Bahnprojekt zwischen Steiermark und Kärnten. Beim Koralm-Tunnel gelingt auch in der Nordröhre des 33-Kilometer-Tunnels der Durchschlag. „Damit ist man dem Ziel einer sportlichen Reisezeit auf Schiene in nur 45 Minuten von Graz nach Klagenfurt einen großen Schritt näher gekommen", analysieren die „Krone"-Redakteure Jörg Schwaiger und Christoph Hartner den durchschlagenden Erfolg. 18 Jahre nach den ersten Probebohrungen rücken die ÖBB und die Landespolitik damit der bisher geplanten Eröffnung Ende 2025 einen großen Schritt näher.

❯ Verbinder & Menschenfreund ❯ Oberhirte stirbt 94-Jährig:
Abschied vom steirischen „Herzbischof" Johann Weber

Am Ende verließen ihn die Kräfte. Steiermarks „Herzbischof" Johann Weber, der seit einem Zusammenbruch am Vorabend von Christi Himmelfahrt im Grazer Landeskrankenhaus intensivmedizinisch betreut wird, hat im 94. Lebensjahr für immer die Augen geschlossen. Der Gottesmann galt als Verbinder und Menschenfreund.

Johann Weber – von 1995 bis 1998 auch Vorsitzender der österreichischen Bischofskonferenz – war das genaue Gegenteil eines abgehobenen polternden Kirchenfürsten. „Der äußerst beliebte Geistliche und langjährige Oberhirte der katholischen Kirche prägte Volksnähe statt Abkanzeln in der Kirche" wie „Krone"-Steiermark Chef vom Dienst Gerald Schwaiger so treffend in seinem Nachruf schreibt.

Trotz seines hohen Alters war Weber bis zuletzt Seelsorger. „Ich blicke voll Dankbarkeit auf mein Leben zurück und bin bereit, über die letzte Brücke zu gehen", so seine letzten Worte, bevor er friedlich einschlief. In einer berührenden Trauerfeier nimmt die Spitze der heimischen Kirche und der Politik Abschied vom Altbischof.

So würdigt ihn Bischof Wilhelm Krautwaschl: „Ein gutes Stück steirischer Kirchen- und Glaubensgeschichte hat einen Zeugen verloren." Und für Landeshauptmann Hermann Schützenhöfer „war er mir und ganzen Generationen ein väterlicher Ratgeber und Hirte".

Altbischof Johann Weber prägte die Kirche über Jahrzehnte

❯ Baby in Spital abgelegt
In der Tiefgarage des Landeskrankenhauses Graz findet ein Besucher ein ausgesetztes Baby. Das neugeborene Mädchen überlebt knapp. Die Mutter wird durch Videoüberwachung ausgeforscht und angeklagt.

❯ Feuerinferno auf Pack
Bei einem Branddrama in einem Wohnhaus auf der Pack kommen ein älteres Ehepaar und ihre ungarische Pflegerin ums Leben. Das Feuerinferno wird durch einen technischen Defekt ausgelöst.

KÄRNTEN

Assistenzarzt Remondus van de Haar (li.) und Primarius Gerhard Jenic mit Patient Karl Höberl und Gattin Monika.

Zweite Chance für Krebspatienten

„Inoperabler" Tumor entfernt

Eine medizinische Meisterleistung gelingt einem Team der Chirurgie im Landeskrankenhaus Villach: In einer sechsstündigen Operation befreien sie einen Patienten von einem zwölf Kilo schweren Bauchtumor. Acht Jahre lang kämpfte der 65-Jährige mit dem Krebs und wurde von vielen Kliniken abgelehnt.

„Ich bin unendlich dankbar, dass ich noch im allerletzten Moment diese Chance bekommen habe und freue mich vor allem auf die nächsten Jahre mit meiner Familie", erzählt Karl Höberl überglücklich im Interview mit dem „Kärntner Krone"-Duo Gerlinde Schager und Alexander Schwab. 2012 erkrankte der vierfache Familienvater an Krebs. Ein zweieinhalb Kilo schwerer Tumor wurde entfernt. Doch vier Jahre später kehrte der Krebs zurück. Keine Chemotherapie schlug mehr an. „Alle Kliniken, die Karl kontaktiert hatte, sagten da sei nichts mehr zu machen", so Gattin Monika. Doch Dr. Remondus van de Haar, Freund einer Tochter des Krebskranken erzählte Primarius Gerhard Jenic von dem Fall. Und der sah, entgegen aller bisherigen Expertenmeinungen, noch eine Chance und operierte!

Die gute Nachricht ist die bessere

› Landesweite Feiern zum hundertsten

„Zeichen von // KÄRNTEN

Am 10. Oktober 1920, also vor 100 Jahren entschied sich das Schicksal unserer Heimat. Die Volksabstimmung endete mit einem klaren „Ja" zu einem ungeteilten Kärnten. Das Jubiläum wird rund am Jahrestag begangen – mit Gedenkfeiern, Kranzniederlegungen und dem Bundespräsidenten. Aber auch einem bösen Virus.

Gesichtsmasken, Desinfektionsmittel, Abstandsregeln – sie dominieren die Feiern. „Festlichkeiten, die beim Herzogstuhl beginnen, an Gräbern ehemaliger Landeshauptleute und am Soldatenfriedhof in Annabichl fortgesetzt werden und die mit dem Zapfenstreich im Beisein von Bundespräsidenten Alexander Van der Bellen im Landhaushof und an der Kärntner Einheit enden", wie das „Krone"-Redaktionsduo Fritz Kimeswenger und Clara Milena Steiner berichten.

Landeshauptmann Peter Kaiser betont beim Herzogstuhl: „Der Abwehrkampf war eine wesentliche Positionierung, dass Kärnten den SHS-Truppen nicht wehrlos gegenübersteht. Ein unübersehbares Zeichen von Mut und Entschlossenheit!"

Valentin Inzko, Obmann des Rates der Kärntner Slowenen, erinnert an die historische Bedeutung des Ortes für die Kärntner Slowenen: „Hier existierte die erste slowenische Pfarre." Und Präsident Van der Bellen setzt einen bewegenden Akt: Er entschuldigt sich im Rahmen der Feier bei den Kärntner Slowenen für Unrecht, das sie erleiden mussten.

Vor dem Herzogstuhl legen Landeshauptmann Peter Kaiser und LR Martin Gruber feierlich einen Gedenkkranz nieder.

WAS UNS BEWEGTE | Kronen Zeitung

ahrestag der Volksabstimmung › Van der Bellen entschuldigt sich bei Slowenen

Mut und Entschlossenheit!"

⌃ Zapfenstreich im Landhaushof. Sloweniens Präsident Borut Pahor (li.) schreitet als Ehrengast mit Bundespräsident Alexander Van der Bellen und Landeshauptmann Peter Kaiser über den roten Teppich. Van der Bellen entschuldigt sich bei den Kärntner Slowenen für Versäumnisse.

KÄRNTEN

> Dreiecksverhältnis sorgt für Streit   > Todesschütze ein schwerer Alkoholiker

Frau und Freundin erschossen

Mit einem Doppelmord endet ein Dreiecksverhältnis in Kärnten. Zuerst tötet ein 63-Jähriger seine Frau (62) in Wernberg. Danach erschießt er aus einem Auto heraus seine Ex-Geliebte vor einem Café am Faaker See und flüchtet nach Tarvis (Italien), wo er sich nach einem wilden Feuergefecht mit den Carabinieri selbst richtet.

„Szenen wie in einem Thriller ereignen sich am 6. Juni im idyllischen Tourismusort Drobollach am Faaker See. Vom fahrenden Auto heraus erschießt ein Mann eine Fußgängerin vor den Augen eines Kindes", berichtet „Krone"-Redakteurin Claudia Fischer. Das Opfer stirbt noch auf dem Gehsteig. Die 56-jährige Frau aus Frankenstein war die Ex-Geliebte ihres Mörders.

Während die Polizei den Großraum Villach absucht, ist dem Todesschützen die Flucht nach Tarvis gelungen. Schließlich wird der Mann dort aufgespürt. Er feuert sofort auf die Carabinieri und erschießt sich nach einem wilden Feuergefecht im Auto. Währenddessen hat die Polizei in Wernberg das Haus des 65-Jährigen durchsucht und die Leiche seiner Ehefrau gefunden: Sie lag am Boden, mit einer Axt vom eigenen Mann erschlagen.

Hintergrund des Amoklaufs: Streit wegen des Dreiecksverhältnisses und die Alkoholsucht des Mannes.

⊙ Der 65-jährige mutmaßliche Täter startete seinen Amoklauf zu Hause, wo er seine Frau (Bd. o.) mit einer Axt erschlug. Dann erschoss er seine Ex-Geliebte mit einer Pistole, ⊙ flüchtete nach Italien und beging in Tarvis vor einem Hotel Selbstmord.

BUNDESLAND IN KÜRZE

> **GTI-Treffen, aber ohne Masken**

PS-Fans zeigen einander rund um den Faaker See beim GTI-Treffen ihre Boliden. Gefeiert wird ruhig. Doch die Schutzmasken werden erst nach Aufforderung hervorgeholt. Denn von der Mund-Nasen-Schutzpflicht, die von 11 bis 23 Uhr gilt, wollen viele GTI-Fans nichts gewusst haben ...

WAS UNS BEWEGTE

20 Hektar Wald in Flammen

Extrem starker Wind und unwegsames Gelände erschweren den Löscheinsatz von 360 Feuerwehrleuten, Polizisten, Hubschrauberpiloten und anderen Helfern rund um den Muttertag am 11. Mai in Unterkärnten. Nachdem der Brand in Leppen bei Bad Eisenkappel ausgebrochen war, entfachten sturmartige Böen die Flammen, die sich immer schneller durch das Waldgebiet fraßen. Da es in den vorangegangen Tagen extrem trocken war, breiten sich die Flammen explosionsartig aus. Zudem ist die Wasserversorgung im unebenen Einsatzgebiet nur mit äußerster Mühe zu bewältigen. Einziger Trost inmitten des Infernos: Es gibt keine Verletzten.

Vitamine im Abo

Als die Corona-Krise auch über Kärnten hereinbrach, Einkaufen teils zum Spießrutenlauf geriet und sich Konsumenten Sorgen zu machen begannen, startete Gemüse- und Obstspezialist Arno Robitsch mit Unterstützung der „Kärntner Krone" seine Initiative: Auf Anruf oder Email werden seine großen, blauen Kisten voller frischer Vitamine nach Hause zugestellt; in ganz Kärnten. Und das ganz pauschal um 35 Euro; zu zahlen kontaktlos per Erlagschein.

Jetzt, tausende Kisten später, zieht Arno Robitsch Bilanz. „In die Kisten kommt immer möglichst große Vielfalt hinein; von Obst wie Ananas, Erdbeeren und Äpfel über Gemüse von Karfiol bis zu Tomaten sowie Salate,

HANNES MÖSSLACHER
Kärnthema

Kräuter und auch verschiedene Pilze." Immer mehr des Inhalts stammt aus Kärnten – aus den Folientunneln und den Äckern in St. Filippen und Greifenburg oder der hauseigenen Pilzzuchtanlage, die in Brückl steht. Zahllose Kilometer sind die Zulieferer durchs Land gefahren. „Jetzt wünsche ich allen erst einmal ein frohes Osterfest", sagt Robitsch: „Und dann am Dienstag starten wir erneut so richtig durch."

Die Vitaminkisten gibt's also weiter, es wird sogar ein Abo-System entwickelt, wo man jede Woche oder alle 14 Tage versorgt wird. Und es soll eine Regelmäßigkeit geschaffen werden, dass die Liefertage immer gleich bleiben. Robitsch: „Viele Kunden haben schon gesagt, dass sie dabei bleiben wollen."

Die Kisten sind prall gefüllt mit Früchten, Salat, Gemüse

⊙ Strandbuffet am See sackt ab

Vor den Augen der Betreiber-Familie ist eine Strandbuffet-Anlage am Klopeiner See gleich mehrere Meter in die Tiefe abgesackt. Das sehr hohe Grundwasser in diesem Bereich hatte das Fundament unterspült und angegriffen. Die Betreiber kommen mit dem Schrecken davon und planen einen Neubau.

⊙ Kärntens Unternehmergeist

Die Plattform „Das pack ma" von der Wirtschafts-, Landwirtschaftskammer und dem Land Kärnten wird immer beliebter und die Betriebe immer kreativer. Egal, ob trendige Mode, wohltuende Bettwäsche oder Tierfutter – in Zeiten der Corona-Krise wird alles bequem bis vor die Haustür geliefert.

OBERÖSTERREICH

Bild aus glücklichen Ehe-Tagen: Welfenprinz Ernst August von Hannover mit Prinzessin Caroline von Monaco.

 //OBERÖSTERREICH

„Krone"-Story um Ernst August von Hannover sorgt weltweit für Schlagzeilen

„Skandalprinz": Prügelaffäre &

Riesen-Aufregung um den verhaltensauffälligen Welfenprinzen Ernst August von Hannover in Oberösterreich. Der Ehemann von Prinzessin Caroline von Monaco wird nach Anzeigen unter anderem wegen gefährlicher Drohung, Nötigung und Sachbeschädigung von der Polizei im Auftrag der Staatsanwaltschaft sogar vorübergehend festgenommen.

Die „Krone"-Story über den Zwischenfall im Jagdhaus in Grünau geht um die Welt. Der Welfenprinz will dort von zwei Polizisten geschlagen und anschließend in die Psychiatrie eingewiesen worden sein. „Sie haben mir die Handschellen angelegt und dann meine Hose runtergezogen. Anschließend haben sie mich durch den Raum geschleift", schildert der Adelige Oberösterreich-Redakteur Philipp Zimmermann.

Dem Einsatz in der Skandalnacht geht ein Notruf von Ernst August voraus: Er liege im Graben und werde ermordet. Laut Redakteur Markus Schütz liest sich der Polizeibericht über die blaublütige Auseinandersetzung mit dem Ur- enkel vom Deutschen Kaiser freilich ganz anders.

Wenige Wochen später der nächste Aufreger. „Der 66-Jährige soll ein bei ihm arbeitendes Ehepaar aufgefordert haben, sich zu ‚schleichen', sonst werde er ihnen einen Schlägertrupp schicken", so „Krone"-Journalist Christoph Gantner. Jetzt ist Schluss mit lustig: Polizisten führen den Adeligen nach einer Festnahmeanordnung des Welser Gerichtes ab.

Nach zwei Nächten hinter Gittern kommt Ernst August von Hannover wieder frei.

WAS UNS BEWEGTE | Kronen Zeitung

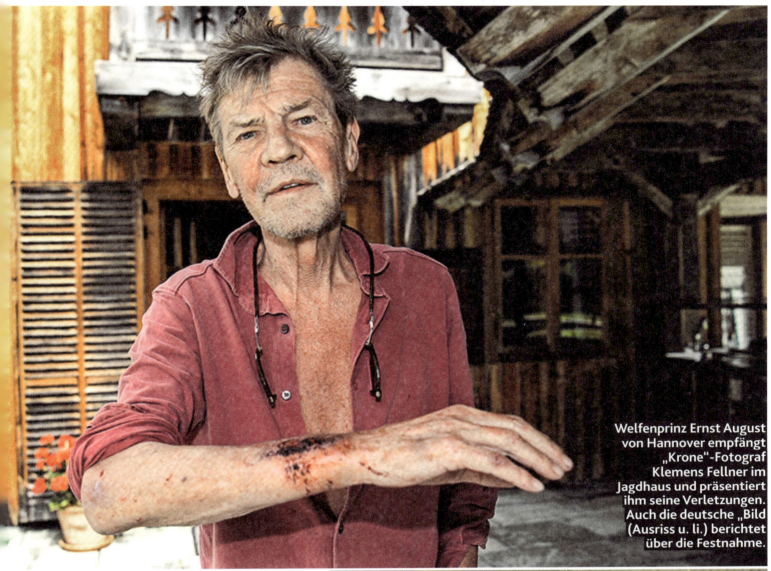

Welfenprinz Ernst August von Hannover empfängt „Krone"-Fotograf Klemens Fellner im Jagdhaus und präsentiert ihm seine Verletzungen. Auch die deutsche „Bild" (Ausriss u. li.) berichtet über die Festnahme.

> Adeliger sogar kurz hinter Gitter

Festnahme!

OBERÖSTERREICH

> Wortwechsel an Straßenbahnhaltestelle am Linzer Hauptplatz eskaliert mit

Dreifacher Vater stirbt nach

◉ Tatort Linzer Hauptplatz: An dieser Straßenbahnhaltestelle wird Daniel E. (oben) von einem 16-Jährigen niedergeprügelt und schlägt mit dem Kopf am Boden auf.

OB DER ENNS

Da bleibt nur pures Entsetzen

Ein braver, fleißiger Familienvater ist tot. Weil ein 16-Jähriger vor seinen Freunden offenbar den starken Mann spielen wollte. Einfach zuschlug. Aus Spaß. Aus Imponiergehabe. Oder, weil es so „cool" ist, aggressiv zu sein.

Auf Körperverletzung mit tödlichem Ausgang stehen ein bis 15 Jahre Haft. Bei Jugendlichen halbiert sich das Strafmaß. Bei dem unbescholtenen, geständigen 16-Jährigen wird es wohl eine bedingte Strafe im unteren Drittel werden.

Die Angehörigen des Opfers sind durch die Tat gezeichnet. Für immer. Bei so viel Sinnlosigkeit bleibt nur pures Entsetzen. Und aufrichtiges Beileid.

CHRISTOPH GANTNER

„Ich habe meine Frau getötet"

Am Notruf gesteht der Mühlviertler Otto L. (60), dass er in seiner Schlafhütte in Neustift im Mühlkreis seine ehemalige Lebensgefährtin Gabriela ermordet hat. Bei einer Aussprache über die gescheiterte Beziehung tötet er die Altenpflegerin (59) und hängt die Leiche im Wald hinter dem Holzhaus an einem Seil auf, um einen Selbstmord vorzutäuschen. Nach der Bluttat fährt der Verdächtige – es gilt die Unschuldsvermutung – zur Mauer der hohen Ranna-Talsperre, um in die Tiefe zu springen. Polizisten halten ihn davon ab.

BUNDESLAND IN KÜRZE

> **Spaziergänger entdeckt totes Baby**
Im Pregartenteich (Bild) hinter dem Brauhaus von Freistadt macht ein Spaziergänger eine entsetzliche Entdeckung. Er sieht ein Neugeborenes, das leblos im Wasser treibt, und schlägt Alarm. Einsatzkräfte bergen das tote Baby, an dem noch die Nabelschnur hing. Die Polizei fahndet nach der Mutter des Babys.

ngriff ▸ 16-jähriger Bursch drischt zu:

Faustschlag!

Ein Menschenleben sinnlos ausgelöscht: Daniel D. (38) aus Alberndorf stirbt drei Tage, nachdem ihm ein 16-Jähriger nach einem nächtlichen Wortgefecht am Linzer Hauptplatz einen Faustschlag versetzt hatte, im Spital. Der Mühlviertler hatte beim Sturz ein Schädel-Hirn-Trauma erlitten. Daniel D. hinterlässt drei Söhne.

„Daniel war immer fleißig, hilfsbereit und er hat einen großen Sinn für Gerechtigkeit gehabt", sagt sein geschockter Bruder über ihn. Der 38-Jährige hatte eine Zimmermannlehre absolviert und war im Sommer gerade dabei seinen größten Traum, die Baumeisterprüfung abzulegen.

Der Verstorbene hinterlässt drei Söhne im Alter von sechs, neun und elf Jahren. Für die Familie hat der leidenschaftliche Hobbykoch Torten gebacken, die bei Familienfesten meist der kulinarische Höhepunkt waren. Abgesehen von der eigenen Familie trauern seine Eltern, der Bruder, zwei Schwestern, zwei Neffen und fünf Nichten um den beliebten Dreifachvater.

Ein kleiner Trost für die Hinterbliebenen: Nach seinem Tod hat Daniel durch seine Organspende die Liebe und Aufopferung für seine Mitmenschen noch ein allerletztes Mal bewiesen.

Der junge Schläger aus Leonding (16) wird ausgeforscht und ist grundsätzlich geständig. Er wird wegen Körperverletzung mit tödlichem Ausgang angezeigt.

ÖGUSSA-Geschäftsführer Fasching mit Barbara Stöckl

„Krone"-Hilfsaktion bringt knapp 500.000 Euro

„Ein Funken Wärme" war ein großer Erfolg

Stolze 496.351,49 Euro können „Krone" und Caritas bei der großen Hilfsaktion „Ein Funken Wärme" für Menschen, die sich das Heizen nicht leisten können, sammeln. Eine stolze Summe, die nur dank großzügiger Unterstützung zahlreicher Firmen und der Hilfsbereitschaft der „Krone"-Leserfamilie möglich wurde.

„Ein warmes Zuhause zu haben ist Gold wert, für viele Menschen aber leider nicht selbstverständlich. Daher unterstützt die ÖGUSSA gerne wieder diese Hilfsaktion", so Marcus Fasching, Chef der Österreichischen Gold- und Silberscheideanstalt bei einer Spendenübergabe an Barbara Stöckl.

„Mit den gesammelten Spenden erhalten 1575 Familien und Einzelpersonen in Not Hilfe", freut sich die „Krone"-Ombudsfrau.

▸ Sohn erwürgt Rentner

Familiendrama in Enns! Ein jahrelanger Streit zwischen Christian P. (42) und seinem Vater Josef P. (78) eskaliert am Abend des Faschingsdienstags: Der Sohn erwürgt den Vater vor den Augen der Mutter.

▸ Fassungslosigkeit

Seit 2014 kümmert sich Gerlinde Loidl aus Scharnstein vorbildlich um ihren kranken Sohn Mario. Aus Sicht des Jugendamtes nicht gut genug, der Bub (5) kommt ins Heim ...

SALZBURG

CLAUS PÁNDI

Schicksalsfrage

100 Jahre Salzburger Festspiele: Dem opulenten Jubiläumsreigen für das international berühmteste und einflussreichste Kunstfestival waren lange und präzise Planungen vorausgegangen. Dann kam die Pandemie. Die Zweifel waren erheblich, die Verantwortlichen in der Regierung in ihren Entscheidungsprozessen wie so oft in dieser Krise zögerlich und unklar.

Kann eine elitäre Großveranstaltung mit Zehntausenden Besuchern aus aller Welt unter Corona-Bedingungen stattfinden? Stehen Risiken und möglicher Nutzen in einem vernünftigen Verhältnis?

Die Tourismuswirtschaft mit ihrer um jeden Gast kämpfenden Hotellerie und Gastronomie hatte erheblichen Druck gemacht. Für die Landespolitik war es rasch ein Prestigethema. Festspielpräsidentin Helga Rabl-Stadler hat die Entscheidung zur Schicksalsfrage gemacht. Sie hat an ihrem Ziel festgehalten und ihren Willen – wie fast immer – durchgesetzt: Die Jubiläumsspiele, von Intendant Markus Hinterhäuser sensibel an die schwierigen Umstände angepasst, sind zu einem Triumph der Kunst über die Angst geworden.

Die Künstler nach langer Durststrecke euphorisch, die Besucher glücklich, die Wirtschaft einigermaßen zufrieden. Die Direktoren der großen Opern und Theater weltweit waren verblüfft. Salzburg hat gezeigt, dass es mit erheblichem finanziellem und logistischem Aufwand funktionieren kann. Die Salzburger Festspiele haben mit Courage, Disziplin und auch sehr viel Glück allen Zweiflern zum Trotz neue Maßstäbe gesetzt.

> Österreichs größtes Kulturfestival trotzt beim Jubiläum der

100 Jahre Festspiele:

// SALZBURG

Während des Kulturleben in der Corona-Pandemie weltweit still steht, setzt Präsidentin Helga Rabl-Stadler ein starkes Zeichen der Hoffnung: Allen Widrigkeiten zum Trotz hält sie im Jubiläumsjahr an der Austragung der 100. Salzburger Festspiele fest. „Ein Triumph der Kunst über die Angst", wie „Krone"-Salzburg Chefredakteur Claus Pándi treffend kommentiert.

Die Grande Dame der Mozartstadt kämpft erfolgreich um „ihre" Festspiele als Testspiele im Schatten der Pandemie. „Auch Kultur hat ein Recht zu leben", wie Intendant Markus Hinterhäuser angesichts all der vielen Festivals, die heuer aufgegeben haben, im Gespräch mit „Krone"-Kulturchef Dr. Karl-Heinz Roschitz feststellt. Ein starkes Lebenszeichen, das anderen Institutionen zeigen soll, dass man nicht aufgegeben hat.

Mit dem Kultstück „Jedermann" startet Salzburg mit besonderer Vorsicht denn auch in die „neue Kulturnormalität". Trotz Zehntausenden Gästen aus aller Welt, die in die Hochburg der Kunst strömen, geht alles gut. Die Bilanz von Österreichs größtem Kulturfestival im 100. Jubiläumsjahr kann sich jedenfalls auch in der abgespeckten Form sehen lassen: 110 Veranstaltungen, 76.500 Besucher aus 39 Nationen und 3600 Corona-Tests.

Künstlerisch besticht die Opernsparte durch die beiden szenischen Inszenierungen der „Elektra" und „Cosi fan tutte" mit dem polnischen Regisseur Krysztof Warlikowski. Auch Diva Anna Netrebko darf nicht fehlen. Bei einem Arienabend an ihrer Seite: Tenor und Ehemann Yusif Eyvazov.

Caroline Peters als „Jahrhundert-Buhlschaft" auf der Salzburger Bühne

WAS UNS BEWEGTE

Corona-Krise ❯ Präsidenten Helga Rabl-Stadler hält eisern an ihrem Willen fest

Triumph der Kunst über Angst

◉ Festspiel-Präsidentin Helga Rabl-Stadler triumphiert mit der Kunst über die Angst. Schauspieler Tobias Moretti mit „Mammon" Christoph Franken (Bild re.) stirbt nach vier Jahren zum letzten Mal den „Jedermann"-Tod und sucht neue Herausforderungen. Opern-Diva Anna Netrebko singt mit ihrem Mann beim Arienabend (unten).

SALZBURG

Naturbewahrer machen ihrem Unmut über im Bau befindliche 380-kV-Leitung

Eine Waldschutz-Demo in der

Hunderte Erdkabel-Befürworter demonstrieren gegen die noch im Bau befindliche 380-kV-Leitung, die durch Salzburg geplant ist. Sie marschieren bis zum Herzen der Mozartstadt, um gegen die Monstermasten zu kämpfen. Doch im Oktober die herbe Enttäuschung: Der Verwaltungsgerichtshof genehmigt den Bau ...

„Bäume werden großflächig gefällt, Masten sind bereits betoniert – und das obwohl noch mehrere Verfahren zur 380-kV-Leitung durch Salzburger Naturgebiet anhängig sind. Für viele Salzburger und Befürworter einer umweltschonenden Erdkabel-Variante ist das zuviel", berichtet Redakteur Felix Roittner. Eine Großdemo vom Bahnhof bis zum Mozartplatz soll der Forderung nach einem Baustopp bis zu den Ergebnissen der Verfahren Nachdruck verleihen. Rein rechtlich allerdings ist der Betreiber, die Austrian Power Grid (APG), zu den Arbeiten entlang der Leitung berechtigt, denn bislang gab es durch kein Urteil eine aufschiebende Wirkung.

Am 20. Oktober dann die herbe Enttäuschung durch die

Umweltschützerinnen vor dem Mozartdenkmal im Hungerstreik. Waldbewahrer fordern „Erdkabel für Jedermann" statt den Monstermasten der 380-kV-Freileitung.

Pensionist (71) bietet Waffen auch zum Kauf an:

Kriegsmaterial gehortet

Große Mengen an Kriegswaffen und Munition stellt die Polizei bei einem Pensionisten in Salzburg-Leopoldskron sicher. Obwohl gegen ihn ein aufrechtes Waffenverbot bestand, hatte der 71-Jährige Kriegsmaterialien auf einer Internetplattform für Waffentausch und -verkauf angeboten. Unter anderem besaß der Rentner auch ein funktionsfähiges Maschinengewehr aus dem Zweiten Weltkrieg. Das Landesamt für Verfassungsschutz und Terrorismusbekämpfung nimmt den Verdächtigen an Ort und Stelle fest.

Chefinspektor Hans Wolfgruber mit den sichergestellten Waffen und Patronen des Salzburger Waffensammlers.

BUNDESLAND IN KÜRZE

> **Schaden erhält Fußfessel**
> Salzburgs Ex-Stadtchef Heinz Schaden wird seine Haftstrafe nicht im Gefängnis verbüßen. „Er bekommt für ein Jahr die Fußfessel", so der Chef der Justizanstalt. Im Swap-Prozess wurde Schaden zu drei Jahren Haft – eines davon unbedingt – verurteilt.

durch Salzburg Luft Stadt!

Baugenehmigung des Verwaltungsgerichtshofs.

„Wir haben uns acht Monate wahnsinnig eingesetzt und müssen zur Kenntnis nehmen, dass wir gegen die Stromwirtschaft verloren haben, und das tut weh", so Franz Fuchsberger, Sprecher von „Fairkabeln".

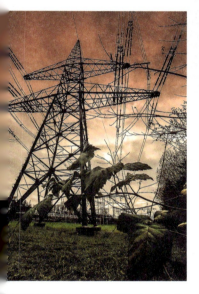

Saalbach jubelt über Ski-WM 2025

Die Salzburger Gemeinde Saalbach erhält den Zuschlag für die Ski-WM im Jahr 2025. Ex-Weltmeister Michael Walchhofer (li.), Bewerbungsboss Bartl Gensbichler und die Ex-Ski-Königin Alexandra Meissnitzer sind im Freudentaumel. Somit findet in Saalbach-Hinterglemm die zehnte österreichische WM seit 1931 statt. „Das ganze Land steht voll hinter dieser Weltmeisterschaft", so Salzburgs Landeshauptmann Wilfried Haslauer.

Wirt (57) erlitt bei Streit mit Frau (30) Herzstich:
Neuer Prozess um Lisa Alm

Bei einem Streit mit seiner Ehefrau erleidet der 57-jährige Promiwirt Erich T. in seiner Lisa Alm im Pongau einen Herzstich und stirbt. Im Dezember 2019 wird die damals 30-jährige Petronela T. wegen absichtlich schwerer Körperverletzung mit Todesfolge zu acht Jahren unbedingter Haft verurteilt. Aufgrund von Rechtsfehlern hebt der Oberste Gerichtshof das Ersturteil auf. Anfang Dezember muss sich die Frau – es gilt die Unschuldsvermutung – deshalb erneut im Landesgericht Salzburg dem Mord-Vorwurf stellen.

Promiwirt Erich T. stirbt nach einem Streit mit seiner Ehefrau Petronela in der Küche der Lisa Alm an einem Herzstich.

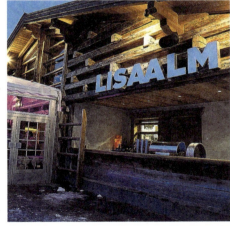

▶ Frauenmord in Wohnung
In einer Wohnung in Salzburg-Maxglan wird eine 81-Jährige tot aufgefunden. Ein Einbrecher dürfte sie erstochen haben. Entdeckt wird der Mord von einer Freundin, die sich Sorgen machte. Hausmeisterin Sladjana Stojadenovic (Bd.) schlägt Alarm.

▶ Meister-Operation
Eine Feuerwerksrakete zerfetzt das Gesicht von Martin Höller aus Wagrain. Doch Chirurgen des Uni-Klinikums Salzburg schenken ihm nach vier Operationen ein neues Antlitz.

▶ Riesen-Schneeball
Skurriler Winterunfall in Obertauern! Ein belgischer Tourist (44) wird von einem Riesen-Schneeball mit 1,70 Metern Durchmesser auf einer Skipiste mitgerissen und schwer verletzt.

TIROL

Es gibt 120 Euro pro aufgetriebenem Milchtier
Prämie für Milchkühe, die auf der Alm grasen

Langsam aber sicher nimmt die Zahl der Tiroler Melkalmen ab. Diesem Prozess sagt man Mitte August auf der „Markis Hochalm" in Volders den Kampf an. Und zwar mit einer Prämie von 120 Euro für jede aufgetriebene Milchkuh, die auf einer Alm grast.

„Rund 105.000 Kühe tummeln sich auf den Almen Tirols. Davon weiden etwa 30.900 als Milchkühe. Doch obwohl Tirol der Titel des ‚Almenlandes Nummer 1' noch von keinem anderen EU-Land aberkannt wurde, ist in den vergangenen 20 Jahren eine beunruhigende Entwicklung zu erkennen. Die Zahl der Milchkühe ist um zehn Prozent zurückgegangen", so erklärt „Krone"-Redakteurin Mirjana Mihajlovic die aktuelle Situation. Um dem entgegenzuwirken, kündigt Landeshauptmann Platter zur Unterstützung eine Prämie an, die heuer und nächstes Jahr ausbezahlt wird: 120 Euro pro aufgetriebener Milchkuh.

Da dieses Geld vor allem kleineren Bauern zugutekommen soll, liegt die Auszahlungsgrenze bei 40 Tieren. Insgesamt werden vom Land Tirol 2,72 Millionen Euro in die Hand genommen.

> *Tirols Almen sind Ausflugsziele, Wirtschaftsraum, Lebensraum für Weidetiere, wichtig für die Artenvielfalt.*
>
> Landeshauptmann Günther Platter (ÖVP)

⊙ Auf 1900 Metern Seehöhe demonstrieren LH Günther Platter und sein Vize Josef Geisler den Almbauern ihre Wertschätzung.

Lebenslang für 5-fachen Mord

Fünf Menschen hat der Tiroler Andreas E. im Oktober des Vorjahres – wie er heute sagt – in Kitzbühel „im Tunnelblick" erschossen. „Es fließen bittere Tränen, als der Angeklagte im Landesgericht Innsbruck über seine Ex-Ex-Verlobte Nadine (Bd. li.) und die Menschen spricht, die er erschossen hat", so Redakteur Samuel Thurner, der vom Prozess des Jahres berichtet. Der „Killer von Kitzbühel", wie man den 26-Jährigen nach dem Amoklauf nannte, sagt, dass es ihm leid tue, was passiert sei. Er wird zu lebenslanger Haft verurteilt, nimmt das Urteil emotionslos zur Kenntnis.

// TIROL

Düstere Aussichten für die Mitarbeiter von Swarovski in Wattens: Im Oktober folgt der nächste groß angelegt Jobabbau.

Nächste Kündigungswelle im Herbst als Hiobsbotschaft aus Swarovski-Zentrale

Wieder 1000 Kristall-Jobs weg

Eine Hiobsbotschaft für die Mitarbeiter, ein herber Schlag für die Region Wattens und den Standort Tirol. Ende Juli wird bekannt, dass der Kristallkonzern Swarovski in Wattens nach den aktuellen 200 Kündigungen heuer weitere 1000 Jobs abbauen wird. Die Corona-Krise und die Billigkonkurrenz werden als Gründe genannt.

„Es bleibt kein Stein auf dem anderen im nach außen so schillernden Tiroler Kristallunternehmen", so bringt „Krone"-Redakteurin Claudia Thurner die Lage auf den Punkt. Bereits im Juni hatte das Unternehmen bekannt gegeben, dass 200 Mitarbeiter in Wattens gehen müssen, weitere 400 an anderen Standorten. Hinter vorgehaltener Hand war schon damals die Rede davon, dass dies erst der Beginn sei.

Die Befürchtungen bestätigen sich. „Für den künftigen Bestand des Unternehmens ist diese Neuausrichtung und Redimensionierung jedoch überlebensnotwendig", sagt Konzernchef Robert Buchbauer. 1000 von aktuell 4800 Mitarbeitern im Mutterwerk in Wattens werden ihren Job verlieren.

Nach dem angekündigten Jobabbau soll sich der Personalstand bei rund 3000 Mitarbeitern einpendeln. Als Grund für den massiven Jobabbau wird die Corona-Krise genannt. Umsatzeinbußen von rund 35 Prozent auf unter 35 Milliarden Euro werden heuer erwartet. Zudem habe die Billigkonkurrenz dem Unternehmen zugesetzt, heißt es. Allerdings soll Wattens auch weiterhin Konzernzentrale bleiben.

Für die Gekündigten soll es einen Sozialplan und eine Arbeitsstiftung geben. Swarovski stellt dafür einen hohen zweistelligen Millionenbetrag in Aussicht. Robert Koschin, stellvertretender ÖGB-Landesvorsitzender, und SPÖ-Chef Georg Dornauer fordern die Rückzahlung von Kurzarbeitsmillionen. Es sei offenbar nie das Ziel gewesen, Jobs zu erhalten.

TIROL

Meinert meint

CLAUS MEINERT

Sirenen heulen

Sollte der „blaue" Wohnungsdeal von Kufstein tatsächlich der Wahrheit entsprechen – und daran besteht laut E-Mail-Verkehr kein Zweifel – zeigt das einmal mehr, um was es der Politik geht: Um die Sicherung eigener Vorteile und nicht um das Wohl der Wähler, die man vertritt. Das ist aber bei Gott nicht nur ein Problem der FPÖ. ALLE anderen ziehen da auch gerne alle Register. Ob die Grünen beim Postendealen im Innsbrucker Rathaus, ÖVP und SPÖ etc. sonst wo. Vieles hat sich zwar geändert, vor allem die Qualität der politischen Vertreter, eines aber scheinbar nicht: Dass einem das eigene Hemd halt doch näher ist als der Rock.

Dabei gibt es aktuell mehr als genug Herausforderungen. Ein Blick auf Tirols Wirtschaft und die Jobsituation im Land sollte genügen. Da heulen landesweit die Alarmsirenen. Nicht nur bei Swarovski, wo dem Vernehmen nach trotz Abbau von rund 1800 Stellen noch lange nicht das Ende der Fahnenstange erreicht sein soll. Da gibt es auch andere Betriebe, die aktuell viele Menschen beschäftigen, das aber nicht mehr lange schaffen (wollen). Wilde Jobabbau-Gerüchte kursieren etwa um Sandoz. Ganz zu schweigen von den vielen kleinen und mittleren Betrieben, denen Corona und all die bitteren Folgen den (Über-)Lebensnerv durchgeschnitten hat. Viele „betteln" dem Vernehmen nach darum, in Konkurs gehen zu dürfen, weil Stundungen letztlich nur ein Rauszögern ihres Ablebens verursachen.

Politiker mit Anstand und Kinderstube scheinen leider immer rarer gesät!

> Brisanter Wohnungsdeal in Kufstein > NHT stimmt zu

Mutter von FPÖ-Politiker will Sozialwohnung für den Sohn

„Wahrscheinlich geht er zu sehr in der Rolle des Vertreters der ‚kleinen Leute' auf", vermutet „Krone"-Redakteur Hubert Berger. Anders sei es nicht zu verstehen, dass FPÖ-Abgeordneter Ranzmaier auch weiterhin wie jene leben will, die er politisch zu vertreten glaubt. Denn seine Mutter fordert eine Sozialwohnung für ihn!

Wie aus einem der „Krone" vorliegenden, hochbrisanten Mail hervorgeht, will eine Mieterin erst dann zum „Absiedeln" bereit sein, wenn der mit ihr in einer Sozialwohnung lebende 33-jährige Sohn zu der bestehenden noch eine eigene Wohnung erhält. Pikant ist der Name der Dame: Maria Ranzmaier. Ihr Sohn ist der FPÖ-Landtagsabgeordnete, hauptberuflich bei den Tiroler Freiheitlichen arbeitende Christofer Ranzmaier.

Die Neue Heimat Tirol (NHT) scheint dem Druck der resoluten Dame nachgegeben zu haben. Denn: In dem Schreiben ist bereits von einer Zuweisung die Rede. Da die Vergabe aber der Stadt Kufstein obliegt, muss der zuständige Wohnungsausschuss entscheiden. Ranzmaier gibt an, er sei in die Pläne seiner Mutter nicht eingeweiht gewesen.

⊙ Wirbel um den FPÖ-Landesrat Christofer Ranzmaier, der mit seiner Mutter in diesem Haus (oben) in der Südtiroler Siedlung Kufstein lebt. Seine Mama forderte eine Sozialwohnung für den Politiker.

> Ehemann tötet

Junges

Von ihrem Ehemann gewürgt, mit dem Polster erstickt und in derselben Nacht in den hochwasserführenden Inn geworfen! Der Mord an der 31-jährigen Bircan schockt Imst. Bei der Verhaftung des mutmaßlichen Täters spielt sich ein Drama ab – Verwandte fordern Blutrache!

„Nur ein Großaufgebot der Polizei und Cobra-Verstärkung kann verhindern, dass der 33-jährige Ehemann des Mordopfers – es gilt die Unschuldsvermutung – nicht von rund 150 aufgebrachten Verwandten und Freunden der Toten gelyncht wird", berichtet das

---

BUNDESLAND IN KÜRZE

> Constantinis Demenz

Im bewegenden Gespräch mit „Krone.at"-Sportchef Michael Fally präsentiert Johanna Constantini, Tochter des Ex-Fußball-Teamchefs Didi Constantini, ihr Buch über dessen Demenz.

WAS UNS BEWEGTE | Kronen Zeitung

2. Chance für Wattener

Die Wattener Sportgemeinschaft Tirol (WGS) erhält eine zweite Chance in der rot-weiß-roten Bundesliga. Wegen des konkursbedingten Ausscheidens des SV Mattersburg gehört die WGS Tirol weiterhin zur Fußball-Bundesliga. Obwohl die Wattener einen Monat lang nicht wissen, ob sie erst- oder zweitklassig sein werden, und so wichtige Vorbereitungszeit verlieren, ist Sport-Manager Stefan Köck zuversichtlich.

Mutter seines Sohnes ◉ Mit Handy-SMS will er Selbstmord der Frau vortäuschen

Mordopfer in Inn geworfen

Reporterduo Philipp Neuner und Hubert Rauth.

Auslöser für die Gewalttat an der bildhübschen Frau dürfte die krankhafte Eifersucht ihres Mannes gewesen sein. Er tötete sie, während der gemeinsame zweijährige Sohn im Nebenzimmer schlief. Danach dürfte er die Leiche in sein Auto geladen und zum Inn gefahren sein.

Wie Katja Tersch, Leiterin des Kriminalamtes Tirol, schildert, warf der Verdächtige die Tote von der Pitztalbrücke in den Inn. Nachdem der in Österreich geborene Mann mit türkischen Wurzeln die Tat gestanden hatte, startete die Polizei in einer groß angelegten Aktion die Suche. Nach fünf Tagen wird die Leiche gefunden.

Makaberes Detail am Rande: Mit erfundenen SMS-Meldungen vom Handy seiner Frau, versuchte der Mann noch ihren Selbstmord vorzutäuschen.

Mit Booten und vom Ufer aus sucht die Polizei nach der Toten. ◉

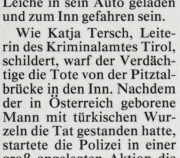

◉ **„Piefke-Saga" Teil 5**
Die Ereignisse rund um den Skiort Ischgl, der seit der Corona-Pandemie im globalen Fokus steht, wird fürs Fernsehen aufgearbeitet. Felix Mitterer arbeitet an „Piefke-Saga" Teil 5.

◉ **Preis für „Superweib"**
Veronica Ferres, eine der gefragtesten Schauspielerinnen erhält den Ehrenpreis des Filmfestivals Kitzbühel. „Sie ist ein Star, der viel Humanismus in sich trägt", so Hubert Berger.

VORARLBERG

> Im 4. Anlauf langjährigen Konkurrenten Linhart geschlagen > Stichwahl bringt

Der neue Bürgermeister heißt // VORARLBERG

SPÖ-Jubel: Michael Ritsch, im Bild mit Ehefrau Yvonne, erobert Bregenzer Bürgermeistersessel

Riesensensation bei der Bürgermeisterstichwahl in Bregenz: Der 52-jährige Sozialdemokrat Michael Ritsch erringt 51,7 Prozent der Stimmen und gewinnt somit das Duell gegen Langzeitbürgermeister Markus Linhart von der ÖVP. Und: Ritsch ist dadruch auch der erste SPÖ-Chef der Landeshauptstadt seit 30 Jahren.

Das Ergebnis für den ehemaligen Gendarmen ist ein Knalleffekt. „Denn Ritsch und der seit 22 Jahren regierende Bürgermeister Markus Linhart traten bei diesen Gemeindewahlen am 27.

WAHLERGEBNIS

Michael Ritsch
Team Bregenz (SPÖ)
51,7%

Markus Linhart
ÖVP
48,3%

Neue Qualitäten gefragt

Eine knapp verlorene Stichwahl 2005, zwei deutliche Niederlagen bei den Bürgermeisterwahlen 2010 und 2015 sowie zwei Watschn als Spitzenkandidat der SPÖ bei den Landtagswahlen – seine Wahlziele hatte Michael Ritsch bisher immer deutlich verfehlt. Auch bei der aktuellen Wahl hatten die wenigsten auf einen Sieg des ewigen Zweiten gesetzt.

Was hat Ritsch – der Statistik zum Trotz – dieses Mal zum Sieg verholfen? Zum einen sicher sein unermüdlicher Kampfgeist. „Man muss einmal mehr aufstehen als man umgeworfen wird", hatte er nach der historischen Pleite der SPÖ bei der Landtagswahl 2014 verkündet – und weitergekämpft.

Im Laufe der Jahre ist Michael Ritsch im Landtag zu einem der unterhaltsamsten Redner geworden, hat pointiert Missstände aufgezeigt, in den Wunden der regierenden ÖVP gebohrt. Zudem hat er in seinen Funktionen als Stadtrat und Klubobmann jede Menge politische Erfahrung gesammelt. Smart und eloquent ist er gegenüber den Wählern aufgetreten, hat zudem taktisch klug agiert. Das Argument, ein „Bürgermeister für alle" zu sein und abseits der Parteipolitik etwas voranbringen zu wollen, hat offenbar überzeugt. Auch der gemeinsame Auftritt der Oppositionsparteien (SPÖ, FPÖ und Neos) bereits vor dem ersten Wahlgang dürfte seine Wirkung nicht verfehlt haben.

Michael Ritsch steht nun erstmals in der Verantwortung. Die Zeit des Kritisierens ist vorbei. Jetzt wird es darum gehen, Wahlversprechen einzulösen und die Zukunft der Landeshauptstadt zu gestalten. Auf Mehrheiten im Stadtrat und der Stadtvertretung kann Ritsch nicht hoffen. Gefragt sind nun ganz neue Qualitäten und vor allem Verhandlungsgeschick. Es bleibt spannend in Bregenz.

Sonja Schlingensiepen

Mit seinem Wahlsieg schreibt Frank Matt Geschichte: Er ist der erste grüne Bürgermeister im Ländle.

WAS UNS BEWEGTE

Wende in Bregenz:
Ritsch

September schon zum vierten Mal gegeneinander an", so Emanuel Walser, Redaktionsleiter der „Krone"-Vorarlberg. Bislang hatte immer der ÖVP-Politiker die Nase vorne. Doch diesmal erreicht er in der Stichwahl nur 48,3 Prozent der Stimmen und bleibt 3,4 Prozent hinter dem strahlenden SPÖ-Sieger. Somit fließen nicht nur bei der ehemaligen Stadträtin Alexandra König Freudentränen. Sie hatte Ritsch bereits 2005 im Wahlkampf begleitet.

Während der glückliche Wahlsieger ankündigt, sein Landtagsmandat zugunsten des Bürgermeisterpostens abzugeben, zeigt sich der abtretende Stadtchef als fairer Verlierer: „Es war eine tolle Zeit und es war mir eine Freude, für die Bregenzer da sein zu dürfen."

Eine weitere Wahlsensation liefert Frank Matt als erster grüner Bürgermeister Vorarlbergs. Der 57-Jährige wird mit 54,4 Prozent der Stimmen zum Ortschef von Lochau gewählt.

In Lech wird am Gemeindezentrum gebaut. Olivia Strolz ist gegen ein Großkaufhaus.

Wirbel um geplantes Luxuskaufhaus im Gemeindezentrum

Die offene Wunde von Lech

Im idyllischen Nobelskiort Lech am Arlberg ist Unruhe eingekehrt. Denn wie durchgesickert ist, könnte sich dort die Luxus-Kaufhauskette KaDeWe niederlassen. „Das treibt den örtlichen Händlern den Angstschweiß auf die Stirn", so Redakteurin Angelika Drnek.

„Skandalös, Wahnsinn, Größenwahn!" So hören sich die Einschätzungen vieler Bewohner der Doppelgemeinde Lech-Zürs an. Es geht um die Errichtung eines neuen Gemeindezentrums. Nicht die Kosten von 40 Millionen Euro, sondern der Plan, dass sich dort auf 2500 Quadratmetern das Luxuskaufhaus KaDeWe niederlassen könnten ärgert viele Bürger. Olivia Strolz, Betreiberin eines Skiverleihs, spricht nüchtern aus, was viele Geschäftsleute denken: „Ein Irrsinn! Damit würden wir ja unseren eigenen Untergang mitfinanzieren."

Der offene Bürgerprotest zeigt Früchte: Bürgermeister Ludwig Muxel – ihm wird eine gewisse Nähe zum Kaufhauskonzern nachgesagt – wird abgewählt! Und sein Nachfolger Stefan Jochum will das Projekt neu bewerten lassen. Sogar von einem Baustopp ist die Rede.

Schlussstrich im Harder Grundstücksdeal. Eine Prozessserie in den letzten fünf Jahren machte die Frage um die Geschäftsfähigkeit eines damals 95-Jährigen, der ein Grundstück zu billig verkauft hatte, zur unendlichen Geschichte. Schlussendlich erreichte der Sohn des Verkäufers, Karl Schelling – im Bild mit dem gegnerischen Anwalt Nikolas Stieger (li.) – dass der Kaufvertrag letztinstanzlich für nichtig erklärt wurde.

VORARLBERG

Stickel will mehr Platz für Anwohner, Gäste und Gewerbe:

Der Architekt hinter einem neu entworfenen Bregenz

Mit seiner „Vision urbanes Leben Bregenz" will der Architekt Andreas Stickel zwei Dinge erreichen: Die Verlegung der Seestraße in den Untergrund und den Neubau des Bahnhofes im Zentrum der Stadt. Gemeinsam mit dem späteren Überraschungsbürgermeister Ritsch (SPÖ) präsentierte er im Februar die Pläne.

„Die Reaktionen waren durchaus positiv. Wir wissen, dass es heikle Punkte beim Projekt gibt: Kanalisation, Strom, Tiefgarageneinfahrten – aber das lässt sich mit finanziellen Mitteln lösen. Man muss nur das Geld in die Hand nehmen", zeigt sich der Architekt im Interview mit „Krone"-Redakteurin Angelika Drnek überzeugt. Auch das Argument, dass die Straßen-Untertunnelung wegen der Nähe zum See und der Bodenbeschaffenheit unmöglich sei, lässt der Visionär nicht gelten.

Man würde die bisherige Baugrube nutzen und die Straße einfach nach unten verlegen. Technisch sei die Sache machbar – jetzt hofft er auf die Entscheidung der neuen Politik in der Stadt.

⊙ Das Modell (li. oben) von den Visionen Stickels für Bregenz besticht durch die Verlegung der Seestraße in den Untergrund. Entscheidend sei nun die Politik. Zieht sie mit, oder begräbt sie die „letzte Chance".

Wirbel um Kurz-Besuch

Der Besuch von Bundeskanzler Kurz im Kleinwalsertal sorgt für Ärger und für Nachbesserungen im Kanzleramt. Bilder vom Kanzler umringt von Schaulustigen, Fotografen und Journalisten, allerdings ohne Masken und dem nötigen Sicherheitsabstand führen zu einer landesweiten Diskussion. Kein Wunder, dass es im Interne Spott und Hohn gibt: Zyniker fragen nach der Größe von Babyelefanten in Vorarlberg. Kurz selbst, der die Leute immer wieder aufforderte „ein bissl Abstand zu halten", meint, die Situation sei entglitten.

BUNDESLAND IN KÜRZE

> **Politik-Interesse sinkt**
Das Interesse an der Kommunalpolitik sinkt weiter. Die Wahlbeteiligung bei den Gemeindewahlen lag bei 53%: Vor 20 Jahren haben noch fast 89% der Stimmberechtigten gewählt.

> **Landhaus-Workshop**
22 Naturvielfalt-Gemeinden beteiligten sich beim Naturschutz-Workshop im Landhaus. Es geht um die Natur als Landwirtschaft, Wasserspeicher und Erholungsraum.

WAS UNS BEWEGTE | Kronen Zeitung

Amanda Salzgeber jubelt mit Mama Anita Wachter. Und Nina Ortlieb feiert den 1. Weltcupsieg.

Amanda Salzgeber und Nina Ortlieb auf großem Erfolgskurs

Erfolge wie Mama und Papa

Zwei Vorarlbergerinnen sorgen mit ihren Erfolgen für Jubel unter Österreichs Skifans. Amanda Salzgeber holt 32 Jahre nach dem Olympiasieg ihrer Mama Anita Wachter Gold bei den olympischen Jugendspielen. Und Nina Ortlieb, Tochter von Abfahrtslegende Patrick Ortlieb, fährt in La Thuile (Italien) zum ersten Weltcupsieg.

Als Tochter des Skifahrerpaars Rainer Salzgeber und Anita Wachter ist Amanda Salzgeber das Talent in die Wiege gelegt. Bei den olympischen Jugendspielen in Les Diablerets (Schweiz) steigt sie in die Stapfen von Mama Anita und holt Kombi Olympia-Gold. Am 29. Februar überflügelt Nina Ortlieb ihren Papa. Denn der war bereits 26, als er in Gröden seine erste Weltcup-Abfahrt gewonnen hat. Nina hingegen erobert schon mit 23 Jahren ihren ersten Sieg im Super-G!

Magdalena Egger (19) wiederum kommt bei der Junioren-WM in Narvik (Nor) aus dem Jubeln nicht mehr heraus: Sie holt gleich dreimal Gold!

Redakteurin Sandra Nemetschke interviewt den Starkoch

„Krone" trifft Wolfgang Puck bei Urlaub in Zürs:

Der „Meisterkoch der Stars" als Familiengast im Ländle

„Ihm wurde sogar ein Charakter in der Kultserie ‚The Simpsons' gewidmet, ihm gehört ein Stern auf dem ‚Walk of Fame' in Los Angeles und er bekocht Hollywoodstars rund um die Oscar-Verleihung", so beschreibt Redakteurin Sandra Nemetschke den Meisterkoch mit Kärntner Wurzeln. Im Interview gewinnt sie ein Bild von dem 70-Jährigen – er besucht eine Schwester in Vorarlberg –, das bewegt: „Er ist zwar selbst ein Star, kennt alle Filmgrößen, ist aber dabei herrlich bodenständig geblieben – wie ein Gastwirt eben sein sollte!"

> **Jahrhunderttalent**
Mit einem Satz auf 7,71 Meter verbessert der Weitspringer Oluwatosin „Tosin" Ayodeji den 39 Jahre alten „ÖLV U-18"-Rekord des Tirolers Andreas Steiner um 18 Zentimeter.

> **Biergenuss-Rekord**
Betrachtet man den wöchentlichen Biergenuss, so nimmt Vorarlberg mit 42,5 % Platz eins ein, gefolgt von Salzburg (38,5 %) und der Steiermark (35,8 %).

SPRÜCHE DES JAHRES

Das virologische Quartett (im Bild von vorne): Anschober, Kurz, Kogler und Nehammer

Die besten Sprüche 2020

Zum Schmunzeln und zum Nachdenken: Was Prominente im Laufe des Jahres 2020 in der Öffentlichkeit von sich gegeben haben …

„Bald wird jeder von uns jemanden kennen, der an Corona gestorben ist."
Mahnende Worte von Bundeskanzler Sebastian Kurz zum Höhepunkt der Virus-Krise.

„Die Einschränkung verfassungsrechtlicher Grund- und Freiheitsrechte wegen der Corona-Pandemie war und ist eine Zumutung. Eine notwendige Zumutung, leider."
Bundespräsident Alexander Van der Bellen anlässlich des 100 Jahre-Verfassungs-Festakts im Parlament.

„Wir müssen die Debatte entemotionalisieren."
Außenminister Alexander Schallenberg in der „ZiB 2" bei Armin Wolf zu der Aufnahme von Flüchtlingskindern nach dem Brand im griechischen Lager Moria.

„Das Virus nervt jeden."
Vizekanzler und Grünen-Chef Werner Kogler bei einer der vielen Pressekonferenzen.

„Ich bin ein zutiefst anständiger Mensch."
Der gestürzte FPÖ-Parteichef und Spitzenkandidat von „Team HC Strache" in einem „Krone"-Interview kurz vor der Wien-Wahl.

„Wir haben es völlig unter Kontrolle. Es ist eine Person, die aus China kommt, und wir haben es unter Kontrolle. Es wird alles gut werden."
US-Präsident Donald Trump am 22. Januar im CNBC-Interview aus dem schweizerischen Davos – am Vortag war der erste Corona-Fall in den USA bekannt geworden.

„Geh'n mir am O…., alle."
NEOS-Abgeordnete Monika Krisper rutscht im Ibiza-U-Ausschuss ein nicht gerade damenhaftes Zitat heraus.

„Wer weiß, ob ich 2022 überhaupt noch lebe."
Dem mittlerweile 88-jährigen Opernball-Stammgast Richard Lugner trifft die Corona-bedingte Absage des Staatsgewalzes hart.

„Reißt euch zusammen und übernehmt Verantwortung!"
Gesundheitsminister Rudolf Anschober twittert sich angesichts von immer mehr infizierten jugendlichen Reiserückkehrern aus dem Kroatien-Urlaub in Rage.

„Wir brauchen einen neue Strategie in Österreich und müssen beim Testen rasch den Turbo einschalten."
SPÖ-Chefin und Gesundheitsexpertin Pamela Rendi-Wagner in Richtung Regierung.

„Die Rolle Österreichs in der europäischen Flüchtlingspolitik ist nicht gut. Man kann keinen finanziellen Rabatt bei Mitgliedsbeiträgen einfordern und sich aber gleichzeitig bei der Verteilung von Flüchtlingen raushalten wollen."
Deutschlands Bundeskanzlerin Angela Merkel übt in einer parteiinternen CDU-Präsidiumssitzung scharfe Kritik an Regierungschef Sebastian Kurz.

„Diesem Glauben an die Kraft der Kunst in düsteren Zeiten verdanken die Festspiele ihre Existenz. Ich käme mir wie eine Verräterin vor, würde ich nicht für die Abhaltung auch in Corona-Zeiten kämpfen."
Festspiel-Präsidentin Helga Rabl-Stadler im 100. Jubiläumsjahr des weltbekannten Salzburger Kulturevents.

„Ich habe mein Lebensziel erreicht. Ich erwarte ein bisserl von mir, dass ich ab jetzt die ganz großen Turniere und großen Matches mit ein bisserl mehr Lockerheit angehe und aus dem Grund noch besser spielen kann."
Österreichs Tennis-Ass Dominic Thiem nach seinem packenden Finaltriumph und ersten Grand-Slam-Titel 25 Jahre nach Thomas Muster bei den US-Open in New York.

Festspiel-Präsidentin trotzt Kulturstillstand

Deftiger Sager: NEOS-Aufdeckerin Krisper

FOTO DES JAHRES

Die verheerendsten Buschbrände in der Geschichte Australiens wüten auch rund um den Jahreswechsel 2020 weiter. Insgesamt dehnen sich die Feuer über eine Fläche von 126.000 km² aus, mehr als 20 Prozent der bewaldeten Flächen des Landes brennen ab. Den Flammen fallen mindestens 34 Menschen zum Opfer, Zehntausende werden evakuiert. Schätzungen zufolge sterben eine Milliarde Tiere. Besonders betroffen sind die Koalabären, die Maskottchen Australiens. Fotograf Matthew Abbott hält die bedrohliche Flammen-Dramatik in einem packenden Bild fest, das zum Foto des Jahres gekürt wird. Als Original in der Wiener Galerie Westlicht zu sehen.

PERSONENREGISTER

Abbas, Mahmmoud 10
Abbas, Raymond 67
Abbott, Matthew 138
Ainedter, Manfred 97
Alaba, David 83, 89
Amann, Philipp 100
Ambrosio, Jérôme d' 101
Amstrup, Steven 75
Andrew, Herzog von York 70
Anschober, Rudolf 22, 28, 35, 86, 138
Antal, Imre 106
Athanasiadis, Caroline 67
Ayodeji, Oluwatosin 137

Bachmann, Lisa 15, 21
Bansky 74
Beatles 71
Bellen, Alexander Van der 8, 44, 118, 119, 138
Berger, Hubert 132, 133
Berghammer, Lukas 23
Bernscher, Martin 106
Biden, Joe 96, 98, 99
Bischofberger, Conny 96
Bloéb, Gregor 21
Blümel, Christa 22, 23
Blümel, Gernot 97, 102
Bolsonaro, Jair 54, 55
Borrell, Josep 83
Braun, Markus 67, 72, 73
Bryant, Kobe 12
Buchbauer, Robert 131
Budin, Christoph 5, 44
Buresch, Anton 97

Canova, Antonio 79
Caroline, Prinzessin von Monaco 122
Catherine, Herzogin von Cambridge 91
Ceyhun, Ozan 63
Chan-o-cha, Prayut 18
Christo, siehe Jamaschew, Christo Wladimirow
Constantini, Didi 132
Constantini, Johanna 132
Craig, Daniel 91
Crepaz, Franz 106
Crepaz, Lukas 42

Dedagic, Maida 102

Dern, Laura 22
Dichand, Christoph 5
Djokovic, Novak 97
Dornauer, Georg 131
Doskozil, Hans Peter 110, 111, 112
Douglas, Cameron 19
Douglas, Kirk 19
Douglas, Michael 19
Drexel, Gerhard 64
Drnek, Angelika 136
Dworak, Rupert 109

Eberharter, Stephan 12
Egger, Magdalena 137
Elizabeth II., Königin von England 11, 59
Entenfellner, Maggie 15, 22
Epstein, Jeffrey 70
Erber, Thomas 22
Erdoğan, Recep Tayip 62, 74, 75, 87
Exel, Wolfgang 100
Eyvazov, Yusif 126

Faist, Elred 18
Fally, Michael 132
Fang, Fang 48
Fasching, Marcus 125
Faßmann, Heinz 19
Federer, Roger 97
Fellner, Klemens 123
Ferres, Veronica 133
Feu, Beat 12
Figl, Markus 104
Fischbacher, Siegfried s. Siegfried & Roy
Flowers, Curtis 91
Floyd, George 98
Foda, Franco 88
Franziskus, Papst 51, 74, 97
Frings, Nikolaus 106
Fuchs, Virginia 65

Gabalier, Andreas 9
Gantner, Christoph 122
Gehrer, Elisabeth 19
Geisler, Josef 130
Gensbichler, Bartl 129
Gergely, Kálmán 21, 101
Gewessler, Leonore 116
Ghebreyesus, Tedros 49

Giesinger, Tobias 22
Gmeiner, Günther 65
Gödel, Gabriela 97
Graf, Edda 101
Graf, Viktoria 105
Grammer, Karl 110
Grasser, Karl-Heinz 97
Großbauer, Maria 16, 20, 21
Grosser, Philipp 13
Grotter, Peter 97
Gruber, Martin 118
Gutierrez, Lenin 72

Haaland, Erling 89
Haberhauer, Christian 106
Habsburg, Eleonore 101
Habsburg, Ferdinand 83
Habsburg, Gloria 81
Habsburg, Karl von 81, 101
Hafenecker, Christian 9, 15
Hamilton, Lewis 45, 93, 97
Hannesschläger, Joseph 13
Hannover, Ernst August von 122, 123
Harry, Prinz Herzog von Sussex 11, 97
Hartner, Christoph 117
Hauenstein, Christian 64
Häupl, Michael 102, 103
Hebein, Birgit 63, 102, 104, 105
Heimhilcher, Martin 18
Hering-Hagenbeck, Stephan 18
Hernandez, Daniel 75
Herrmann, Klaus 22, 46, 102, 112
Hinterhäuser, Markus 126
Höberl, Karl 118
Höberl, Monika 118
Hochegger, Peter 97
Hofer, Norbert 112
Hölzl, Chiara 23
Horn, Roy s. Siegfried & Roy
Horowitz, Nina 87
Hyland, Diana 72

Illdesits, Christian 111
Inzko, Valentin 118

Jae-in, Moon 60, 64
Jamaschew, Christo Wladimirow 65
Jamaschew, Jeanne-Claude 65
Jammer, Marco 95

Jarecki, Eugene 53
Jeannée, Michael 62, 86
Johnson, Boris 15
Jonas, Franz 96
Jong-un, Kim 60, 64
Juan Carlos, Ex-König von Spanien 83
Justinian, Kaiser von Rom 74

Kadyrow, Ramsan 68, 73
Kaiser, Peter 118, 119
Karl I., Kaiser von Österreich 101
Karrer, Karin 21
Keough, Benjamin 75
Khalid, al-Anani 97
Kimeswenger, Fritz 118
Klamminger, Markus 108
Köck, Stefan 133
Kogler, Konrad 108
Kogler, Werner 8, 35, 138
Kolesnikova, Maria 82, 83
König, Alexandra 134
Königsberger-Ludwig, Ulrike 108
Koschin, Robert 131
Köstinger, Elisabeth 47
Krakor, Madeleine 19
Kraus, Karl 86
Krautwaschl, Wilhelm Bischof 117
Krenn, Helmut 108
Kriechmayr, Vincent 12
Krisper, Monika („Krone"-Redakteurin) 23, 71, 115
Krisper, Monika 138
Kullnig, Herbert 96
Kummer, Christa 13
Kurz, Sebastian 8, 35, 42, 46, 62, 63, 75, 89, 106, 112, 136, 138

Landau, Michael 23, 43, 56
Lang, Helmut 113
Lassnig, Matthias 95
Leclerc, Charles 45
Linhart, Markus 134
Loibnegger, Klaus 50, 66
Loidl, Gerlinde 125
Loidl, Mario 125
Lorenz, Patricia 66
Lovric, Antonio 13, 71
Loy, Robert 101
Ludwig, Michael 47, 63, 102, 103, 104
Lugner, Richard 20, 21, 138
Lukaschenko, Alexander 76, 82, 83
Lusetzky, Lukas 106, 107

Macedo, Edir Bischof 54
Macron, Emmanuel 83, 94

Mahrer, Karl 62
Maier, Hermann 12
Malloth, Thomas 113
Marketz, Josef Erzbischof 23
Markle, Meghan Herzogin von Sussex 11, 97
Marsalek, Jan 67, 72, 73
Matt, Franz 135
Matzl, Christoph 5, 101
Maxwell, Ghislaine 70
Mayer, Matthias 12
McBride, Toni 75
McMullen, Matt 73
Meinert, Claus 132
Meischberger, Walter 97
Meissnitzer, Alexandra 129
Merkel, Angela 46, 138
Meyer, Dominique 16, 20, 21
Michaeler, Hannah 116
Miehl, Christoph 113
Mihajlovic, Mirjana 130
Mikl-Leitner, Johanna 97, 106, 108, 109
Milborn, Corinna 102
Mitterer, Felix 133
Mödl, Matthias 65
Molin-Pradel, Gino 75
Moore, Tom 59
Moosbrugger, Josef 22
Moretti, Tobias 127
Morricone, Ennio 70
Morricone, Maria 70
Moser, Gabriele 106
Mösslacher, Hannes 121
Mross, Stefan 63
Mungenast, Barbara 101
Muster, Thomas 138
Muti, Ornella 20, 21

Nadal, Rafael 97
Nawalny, Alexej 88
Nehammer, Karl 23, 35, 63, 66, 78, 89, 94, 138
Nemetschke, Sandra 137
Nepp, Dominik 102
Netanyahu, Benjamin 10
Netrebko, Anna 126, 127
Neuner, Philipp 133
Niavarani, Michael 67
Niedetzky, Angelika 67

Obama, Barack 99
Obama, Michelle 99
Obrist, Andreas 81
Ortlieb, Nina 137
Ortlieb, Patrick 137

Pahor, Borut 119

Pándi, Claus 126
Papacek, Oliver 89, 94
Patt, Chris 78
Paul VI., Papst 96
Perry, Mark 15, 21, 106
Peters, Caroline 126
Phillips, James P. 96
Phiri, Thomson 100
Phoenix, Joaquin 22
Pichler, Andreas 70, 71
Pinkeling, Eva 23
Pitt, Brad 22
Platter, Günther 31, 130
Plech, Ernst 97
Podolak, Karin 100
Pommer, Michael 102, 103
Pompeo, Mike 83
Popp, Franz 67
Poyer, Josef 106
Presley, Elvis 75
Preston, Kelly 72
Proll, Nina 21
Puchebner, Ursula 106
Pucher, Martin 110
Puck, Wolfgang 137
Pürstl, Gerhard 63
Putin, Wladimir 88, 94

Raab, Susanne 86, 94, 95
Rabl-Stadler, Helga 42, 126, 127, 138
Ramsauer, Sandra 106
Ranzmaier, Christofer 132
Ranzmaier, Maria 132
Rauch, Gerhard 97
Rauth, Hubert 133
Reichelt, Hannes 12
Reinthaler, Manfred 65
Rendi-Wagner, Pamela 22, 112, 138
Richardson, Kathleen 73
Ricker, Ed 21, 74
Rimi, Kassim Al 23
Ritsch, Michael 134, 136
Rivera, Naya 75
Robitsch, Arno 121
Rogenhofer, Katharina 67
Roschitz, Karl-Heinz 126
Roščić, Bogdan 20
Rosen, Eli 114, 115
Rosenberg, Eva 22
Rosenmayer, Helga 106
Rossgatterer, Irmtraud 102
Royer, Hannes 22
Ruprecht, René 109
Russwurm, Vera 63
Ruzowitzky, Stefan 96

Sabitzer, Marcel 88
Salzgeber, Amanda 137
Salzgeber, Rainer 137
Schaden, Heinz 128
Schager, Gerlinde 118
Schallenberg, Alexander 8, 83, 138
Schelling, Karl 135
Schenz, Norman 20, 21, 83
Schlingensiepen, Sonja 134
Schmidauer, Doris 44
Schnedlitz, Michael 15
Schneeberger, Klaus 106
Schneemann, Leonhard 111
Schneider, Silvia 9
Schober, Silvia 97
Schönborn, Christoph Kardinal 15
Schönherr, Alexander 102
Schumacher, Michael 97
Schumacher, Mick 97
Schütz, Markus 122, 124
Schützenhöfer, Hermann 117
Schwab, Alexander 118
Schwaiger, Gerald 117
Schwaiger, Jörg 117
Schwarzenegger, Arnold 78
Schwarzenegger, Katherine 78
Schwarzenegger, Lyla Maria 78
Schwarzjirg, Sasa 21, 67
Schwertner, Klaus 56
Seebacher, Doris 106
Seinitz, Kurt 64, 96
Seisenbacher, Peter 9
Semrad, Gregor 106
Sgarbi, Nicola 25
Sharman, Devender 83
Siegfried & Roy 53
Silbereisen, Florian 63
Sindermann, Dierk 71
Sobotka, Wolfgang 82
Soleimani, Ghassem 8, 9, 67
Spira, Elizabeth T. 87
Stadler, Matthias 109
Starkey, Richard Sir 71
Starr, Ringo 71
Steiner, Andreas 137
Steiner, Clara Milena 118
Steiner, Jasmin 14, 31
Steinkogler, Stefan 79
Stickel, Andreas 136
Stieger, Nikolas 135
Stöckl, Barbara 43, 125
Stockner, Eva 71, 115
Stojadenovic, Sladjana 129
Strache, Heinz-Christian 82, 91, 102, 138
Strobl, Bernd 113

Strolz, Olivia 135

Tanner, Klaudia 10, 11, 81, 90, 96
Tatzgern, Gerald 13
Tersch, Katja 133
Thiem, Dominic 85, 91, 138
Thomma, Jakrapanth 18
Thunberg, Greta 7, 14, 15, 17
Thurner, Claudia 131
Thurner, Samuel 130
Thyssen-Bornemisza, Francesca 101
Tichanowskaja, Swetlana 83
Tikal, Paul 90
Tiroch, Kurt 15
Tischler, Lisa 80
Tomschi, Peter 20
Traby, Jakob 114
Travolta, Jett 72
Travolta, John 72
Trinkl, Hannes 12
Trost, Franziska 15, 70
Tröster, Claudia 124
Trump, Donald 7, 8, 9, 10, 14, 17, 23, 24, 52, 53, 54, 64, 67, 90, 91, 92, 96, 98, 99, 138
Trump, Melania 96
Tschürtz, Johann 112
Tuma, Alexander 20
Türk, Gottlieb 120

Uhrig, Reinhard 66

Vettermann, Doris 19
Vogl, Erich 82, 110
Vonn, Lindsey 20

Wachter, Anita 137
Wagner, Astrid 10
Wagner, Philipp 102
Wailand, Georg 72
Walchhofer, Michael 129
Waltz, Christoph 91
Warger, Patrick 101
Warlikowski, Krysztof 126
Weber, Johann Altbischof 117
Wehrschütz, Christian 83
Weinberger, Stefan 87
Weisgram, Christoph 106
Weiss, Martin 89
Wenliang, Li 48, 49
Werth, Thomas 106
Wiederkehr, Christoph 102
Wiener, Sarah 75
Wieselthaler, Andreas 23
William, Herzog von Cambridge 91

Willingshofer, Hannes 116
Woitschack, Anna-Carina 63
Wolanski, Kinsey 12
Wolf, Armin 138
Wolfgruber, Hans 128
Wunderbaldinger, Veronika 106

Yo-jong, Kim 64

Zatlokal, Gerhard 105
Zellweger, Renée 22
Zeta-Jones, Catherine 19
Zieher, Anita 67
Zimmermann, Philipp 122
Zverev, Alexander 91
Zwinz, Gerhard 109

BILDNACHWEIS

Umweltministerium, Innenministerium, Bundesheer HBF, Italienisches Verteidigungsministerium, Bundeskanzleramt/Arno Melicharek, AP, APA, APA-Picturedesk, Aurena.at, People Picture, AFP, EPA, Krone-Archiv, Patrick Lechner, Hubert Berger, SEPA, REUTERS, Agency People Image, GEPA, DPA/Carsen Rehder, Viennareport, Dostal Harald, Computersimulation urbanes Bregenz, ORF, GLOBAL 2000, ÖBB, Daniel Liebl, Andreas Tischler, Polizei, Wolfgang Spitzbart, Servus TV, Georg Diener, Galerie Westlicht, DPA, NLK Reinberger, Florian Pessentheiner, Sussex Royal, Magistrat St. Pölten, Rotes Kreuz, Swarovski, Feuerwehr, Maurice Shouro, ViennaPress, Starpix/Alexander Tuma, Playboy, Photo Press Service, Thomas Lenger, Roland Muehlanger, Horst Einöder, Alexander Schwab, McDonald's Österreich, Gemeinde Ollersdorf, Tiergarten Schönbrunn/Daniel Zupanc, Maurice Shourot, Daniel Krug, Jack Haijes, Hermann Sobe, Dorian Wiedergut, Marlene Brenek, Bundesministerium für Landwirtschaft, Sybille Schneider, Dragan Tatic, Babiradpicture, Spar, Julia Wesely, Karl Schöndorfer, Markus Wache, Lisa Rastl, Gerhard Zwinz, Christiane Höberl, Zoom Tirol, Chantall Dorn, Peter Weihs, Sandra Schartel, Luc Castel, Karl Schöndorfer/Toppress, Markus Wenzel, Gerhard Schiel

KRONE (Grafik, Archiv und Fotografen)

Reinhard Judt, Klemens Groh, Christoph Matzl, Peter Moizi, Martin A. Jöchl, Barbara Mungenast, Erwin Jannes, Andi Schiel, Hubert Berger, Peter Tomschi, Christof Birbaumer, Sepp Pail, Andreas Fischer, Klemens Fellner, Markus Schütz, Gerhard Gradwohl, Bruno Haberzettel, Franz Crepaz, Uta Rojsek-Wiedergut, Markus Tschepp, Florian Hitz, Reinhard Holl, Christian Jauschowetz, Andreas Graf, Andreas Tröster, Christian Schulter, Christoph Gantner, Klaus Loibnegger, Christian Kitzmüller, Franz Neumayr, Evelyne Hronek, Imre Antal, Reinhard Hörmandinger, Peter Laukhardt, Kristian Bissuti, Gerhard Bartel, Johannes Zinner, Hannes Mößlacher, Alexander Schwab, Christian Forcher, Monika Brüggeler, Dietmar Mathis, Lisa Mathis, Johannes Zinner, Markus Tschepp, Patrick Huber, Uta Rojsek-Wiedergut, Sepp Pail,

SCHUTZUMSCHLAG

AFP, AP (2), REUTERS (4), Viennareport, Krone-Archiv

Für die Mitarbeit danken wir unseren Kollegen, den Kolumnisten, Redakteuren, Reportern, Fotografen, dem Grafik-Team und den Karikaturisten der „Kronen Zeitung".
Insbesondere der ebenso unermüdlichen wie kreativen „Krone"-Layouter-Mannschaft Georg Erhart, Mario Hölzl, Herbert Kocab und Christian Wawra sowie unserem sorgfältigen Archivar Martin Kriegel.
Dank auch an das Ueberreuter-Team, stellvertretend an die Koordinatorinnen Birgit Francan, Sabine Gampenrieder und Marina Hofinger, die auch als eifrige Buchstabenengel dem Druckfehlerteufel einen heroischen Kampf geliefert haben.

Christoph Matzl & Christoph Budin

ZUM SAMMELN UND SCHENKEN
SCHLAGZEILEN 2020

„Schlagzeilen, die Österreich bewegten" so hieß 1990 der erste „Krone"-Band, der 90 Jahre österreichische Geschichte aus journalistischer Sicht porträtierte. Ein Pilotprojekt mit Riesenerfolg und „Kindern": Mittlerweile gehören die Jahresrückblicke, aufgearbeitet in der vertrauten Form täglicher Zeitungsseiten, schon zur Tradition. Eine Rückschau im Jahresrhythmus heißt Chronologie, Chronologien aneinandergereiht werden Geschichte, alles zusammen ist unser Leben. Mit dem vorliegenden Band, mittlerweile der 31. in dieser Reihe, verlieren die Jahreszahlen ihre Anonymität und werden gewissermaßen zum Tagebuch des Selbst- und Miterlebten, ein Nachschlagewerk für die ganze Familie, ein Sammlerstück. Ein Buch der Erinnerungen, in dem es den Autoren gelungen ist, Unterhaltung und Weltpolitik, Skandale und Kuriositäten, große und kleine Schlagzeilen einander so ausgewogen gegenüberzustellen, dass trotz aller Gräuel und Schrecken des vergangenen Jahres auch Optimismus, Hoffnung und Erfreuliches vermittelt werden.

ABERL MARIO PATRICK • ANGERER STEPHANIE • ASCHBACHER ELISA JOHANNA • BABKA SER
• BERGER HUBERT • BISCHOFBERGER CONNY • BLÜMEL-SCHMIDT CHRISTA • BORTENSCHLÄG
ALFRED-STEFAN • CERNY FELIX • DAUM HUBERT • DEDAGIC MAIDA • DICHAND CHRISTOP
WOLFGANG • FARKAS SEBASTIAN • FISCHER CLAUDIA • FISTER KATRIN • FRAISL GEORG • FR
• GAISBAUER OLIVER • GANTNER CHRISTOPH • GASSLER MARKUS • GERGELY KALMAN • GÖ
MICHAEL • GRILL MARKUS • GRILL PHILIPP • GROEGER FLORIAN • GROISS ROBERT • GROT
CHRISTOPH • HASELWANTER ANNA-KATHARINA • HAUENSTEIN CHRISTIAN • HERRMANN
• HOFBAUER-RUSSWURM VERA • HOFSTETTER ALEXANDER • HONDL HARALD • HUBER PATR
NINA • KARNER MANUELA • KIMESWENGER FRITZ • KIRCHTAG PHILIP • KITZMUELLER CHRISTA
KLAUS • KÖCK RICHARD • KOGLER CHRISTINA NATASCHA • KOTHGASSER CHRISTOPH • KREN
• KURZ GERNOT • LAIBLE CHRISTOPH • LAMPETER CARINA • LANGWIEDER KARINA • LASSN
• LEITNER THOMAS • LEMBERGER DANIEL JOHANNES • LENZ KONRAD • LEOPOLDSBERGER-
• LUSETZKY LUKAS • MATZL CHRISTOPH • MAYERHOFER CHRISTIAN • MEINERT CLAUS • MICH
REGINA • MOEDL MATTHIAS • MOIZI PETER-PAUL • MOSER ANDREAS • MÖSSLACHER HAN
ELISABETH • NEISSL MARKUS • NEMETSCHKE SANDRA MARIA • NEUNER PHILIPP • NIEDER
JOHANN • PANDI CLAUS • PAPACEK-GHILARDI OLIVER • PERRY MARK • PICHLER MICHAEL •
OLIVER • POLLAK CHRISTIAN • POMMER MICHAEL • POYER JOSEF THOMAS • PREARO LISA • P
ELISABETH • RAUTH HUBERT • REICHART MICHAELA • REICHEL CHRISTIAN • RICHTER ANJA
CHRISTIAN • RUESS ROLAND • RUHMANSEDER MARIO • SALZMANN-SCHAETZER SABINE • S
• SCHLINGENSIEPEN SONJA • SCHNEGDAR KARIN • SCHNEIDER LUKAS • SCHNITTKA STEFAN
MANFRED • SCHWAB ALEXANDER JOHANNES • SCHWARZJIRG SASA • SCHWAIGER GERALD • S
KURT • SIEGL VERGIL • SILLI VOLKER • SNOBE VALENTIN • SPARI TERESA-ANTONIA • STALLA K
• STOCKHAMMER LISA • STOCKHAMMER SIMONE • STOCKNER EVA • STOIMAIER MARCUS • STR
• TIKAL PAUL • TRABY JAKOB • TRAGNER CHRISTIAN • TRAMPOSCH ALEXANDER • TREVISAN C
PHILIPP • WAILAND GEORG • WALLNER JOHANNES • WALSER EMANUEL • WASSERMANN
• WIEDERGUT DORIAN • WIESMEYER PETER • WINKLER-KRASSNIGG BARBARA • WUNDERBALD